*JUAN PABLO II*

DISCURSO A LA ASAMBLEA PLENARIA
DEL CONSEJO PONTIFICIO PARA LA FAMILIA
24-I-1997

***CONGREGACIÓN PARA LA DOCTRINA DE LA FE***

Carta a los Obispos SOBRE LA RECEPCIÓN DE LA COMUNIÓN EUCARÍSTICA POR PARTE DE LOS FIELES DIVORCIADOS Y CASADOS DE NUEVO
14-IX-1994

***CONSEJO PONTIFICIO PARA LA FAMILIA***

RECOMENDACIONES DE LA ASAMBLEA PLENARIA SOBRE LA PASTORAL DE LOS DIVORCIADOS
22-25-I-1997

CARD. MEDINA ESTÉVEZ

*La acción pastoral hacia personas que tienen un status familiar irregular*
3-I-1997

MONS. GIL HELLÍN

*Por la dureza de vuestro corazón*

***documentos mc***

1ª edición. Febrero 1998
2ª edición. Abril 1998

Colección Documentos mc
Dirección: Jesús Urteaga
Secretaria de Redacción: Alicia Alonso


**Pº de la Castellana, 210 - 28046 Madrid**
**Telfs.: 91 350 77 20 - 91 350 77 39**
**Fax: 91 359 02 30**
Producción: Francisco Fernández
Printed in Spain
ISBN: 84-8239-221-2
Depósito legal: 13.837-1998

---

Anzos, S. L. - Fuenlabrada (Madrid)

*JUAN PABLO II*
*CONGR. PARA LA DOCTRINA DE LA FE*
*CONSEJO PONTIFICIO PARA LA FAMILIA*
*CARD. MEDINA ESTÉVEZ*
*MONS. GIL HELLÍN*

# *PASTORAL DE LAS SITUACIONES FAMILIARES IRREGULARES*

*Segunda edición*



EDICIONES PALABRA
Madrid

## PRESENTACIÓN

Nos encontramos en Roma, en la Sala del Consistorio del palacio apostólico vaticano, el 24 de enero de 1997. Está hablando el Cardenal Alfonso López Trujillo, Presidente del Consejo Pontificio para la Familia. Se celebra la XIII Asamblea plenaria en los días 22 al 25 de enero.

El tema central que se trata en la Asamblea es de *La pastoral de los divorciados vueltos a casar,* de acuerdo con el espíritu del n. 84 de la Exhortación apostólica *Familiaris consortio.*

Participan en el Encuentro los matrimonios miembros, procedentes de todo el mundo, junto con los Obispos miembros y expertos del Consejo Pontificio para la Familia.

Intervienen en la Asamblea el Secretario de la Congregación para la Doctrina de la Fe, Mons. Tarsicio Bertone, s.d.b., así como don Antonio Miralles, profesor de Teología en el Ateneo Pontificio de la Santa Cruz de Roma y el Arzobispo de Tolouse, Mons. Emile Marcus.

En esta ocasión se preparaba el *II Encuentro Mundial del Santo Padre con las Familias,* que se celebró en Río de Janeiro en octubre de 1997; acontecimiento ya publicado en esta Colección*.

El Encuentro de Río de Janeiro fue precedido del *Congreso Internacional sobre la Familia* del 1 al 3 de octubre, cuyas Ponencias, Testimonios, Grupos de Trabajo y Declaración Final son objeto de un «Documento mc» que hemos editado en esta Editorial con la autorización del Consejo Pontificio para la Familia**.

En estas páginas que tienes entre manos presentamos el Discurso del Santo Padre a la Asamblea General en la mañana del 24 de enero de 1997 que «L'Osservatore Romano» lo titula *La Iglesia acompaña con solicitud materna a los divorciados que se han vuelto a casar.*

A continuación recogemos la, tantas veces citada, *Carta* de la Congregación para la Doctrina de la Fe *sobre la recepción de la Comunión Eucarística por parte de los divorciados vueltos a casar,* de 14 de septiembre de 1994, donde se manifiesta, con palabras del Papa, cómo el Señor, «movido por la misericordia, sale al encuentro de todos los necesitados, con la exigencia de la verdad y con el aceite de la caridad».

En tercer lugar recogemos las *Recomendaciones* de la Asamblea plenaria del Consejo para la Familia sobre *Pastoral de los divorciados* en las que proponen tres objetivos en torno a la ayuda que se puede y debe prestar a las familias en dificultad,

---

* II ENCUENTRO MUNDIAL CON LAS FAMLIAS, «Documentos mc». Madrid Octubre 1997.

** CONGRESO INTERNACIONAL SOBRE LA FAMILIA, Madrid Enero 1998.

así como sugerencias a los Obispos, testigos y custodios del signo matrimonial.

Completamos esta documentación con un *Estudio* interesantísimo que va dirigido especialmente a los sacerdotes que como buenos hijos mayores salen a los caminos para preocuparse, junto con el Padre de todos, por el regreso de sus hermanos pequeños, pródigos. En esta ocasión, en casa, sí está la Madre, la Iglesia, con los brazos abiertos.

El trabajo –que apareció en «Familia et Vita»* 1997, vol. XXXIII– se titula *La acción pastoral hacia personas que tienen un status familiar irregular.* El autor es el Cardenal Jorge Medina Estévez, Prefecto de la Congregación para el Culto Divino y la Disciplina de los Sacramentos.

Nos pusimos en contacto por FAX y recibimos su grata contestación aprobando la publicación de su escrito.

De la misma revista** reproducimos el artículo *Por la dureza de vuestro corazón,* de Mons. Francisco Gil Hellín, Secretario del Consejo Pontificio para la Familia. Al inicio de esta Presentación hemos dejado al Cardenal López Trujillo hablando en la sala del Consistorio del palacio vaticano. Ahora es Su Santidad Juan Pablo II quien responde a sus palabras con el discurso con el que comenzamos este documento.

**Jesús Urteaga**

---

* Revista cuatrimestral del Consejo Pontificio para la Familia, 2/97, pp. 76-87.

** *Ibid.,* 2/97, pp. 12-18.

JUAN PABLO II

# LA IGLESIA ACOMPAÑA CON SOLICITUD MATERNA A LOS DIVORCIADOS QUE SE HAN VUELTO A CASAR

24-I-1997

## LA IGLESIA ACOMPAÑA CON SOLICITUD MATERNA A LOS DIVORCIADOS QUE SE HAN VUELTO A CASAR*

Señores Cardenales: amados hermanos en el episcopado; queridos hermanos y hermanas:

1. Me alegra acogeros y saludaros con ocasión de la Asamblea plenaria del Consejo Pontificio para la Familia. Agradezco al Cardenal presidente Alfonso López Trujillo las amables palabras con las que ha introducido este encuentro, que reviste gran importancia. En efecto, el tema de vuestras reflexiones –«La pastoral de los divorciados vueltos a casar»– está hoy en el centro de la atención y de las preocupaciones de la Iglesia y de los pastores dedicados a la cura de almas, quienes no dejan de prodigar su solicitud pastoral a cuantos sufren por situaciones de dificultad en su familia.

---

* Discurso del 24-I-1997 a los participantes en la XIII Asamblea plenaria del Consejo Pontificio para la Familia. En «L'Osservatore Romano», ed. en lengua española, 31-I-1997.

## Ayuda pastoral eficaz

La Iglesia no puede permanecer indiferente ante este doloroso problema, que afecta a tantos hijos suyos. Ya en la Exhortación apostólica *Familiaris consortio* reconocía que, tratándose de una plaga que aflige cada vez con más amplitud también a los ambientes católicos, «el problema debe afrontarse con atención improrrogable» (n. 84). La Iglesia, Madre y Maestra, busca el bien y la felicidad de los hogares y, cuando por algún motivo éstos se disgregan, sufre y trata de consolarlos, acompañando pastoralmente a estas personas, en plena fidelidad a las enseñanzas de Cristo.

2. El Sínodo de los Obispos de 1980 sobre la Familia tomó en consideración esta penosa situación e indicó las líneas pastorales oportunas para tales circunstancias. En la Exhortación apostólica *Familiaris consortio,* teniendo en cuenta las reflexiones de los padres sinodales, escribí: «La Iglesia, instituida para conducir a la salvación de los hombres, sobre todo a los bautizados, no puede abandonar a sí mismos a quienes –unidos ya con el vínculo matrimonial sacramental– han intentado pasar a nuevas nupcias. Por lo tanto, procurará infatigablemente poner a su disposición los medios de salvación» (n. 84).

En este ámbito claramente pastoral, como bien habéis especificado en la presentación de los trabajos de esta Asamblea plenaria, se enmarcan las reflexiones de vuestro encuentro, orientadas a ayudar a las familias a descubrir la grandeza de su vocación bautismal y a vivir las obras de piedad, caridad y penitencia. Pero la ayuda pastoral supone que se reconoce la doctrina de la Iglesia expresada claramente en el *Catecismo:* «La Iglesia no tiene poder para pronunciarse contra esta disposición de la sabiduría divina» (n. 1640).

Sin embargo, estos hombres y mujeres deben saber que la Iglesia los ama, no está alejada de ellos y sufre por su situación. Los divorciados vueltos a casar son y siguen siendo miembros suyos, porque han recibido el Bautismo y conservan la fe cristiana. Ciertamente, una nueva unión después del divorcio constituye un desorden moral, que está en contradicción con las exigencias precisas que derivan de la fe, pero esto no debe impedir el compromiso de la oración ni el testimonio activo de la caridad.

## Fidelidad plena a la voluntad del Señor

3. Como escribí en la Exhortación apostólica *Familiaris consortio*, los divorciados vueltos a casar no pueden ser admitidos a la comunión eucarística, «dado que su estado y situación de vida contradicen objetivamente la unión de amor entre Cristo y la Iglesia, significada y actualizada en la Eucaristía» (n. 84). Y esto, en virtud de la misma autoridad del Señor, Pastor de los pastores, que busca siempre a sus ovejas. Esto también vale para el sacramento de la *Penitencia;* pues la condición

de vida de los divorciados vueltos a casar, que siguen casados, está en contradicción con su significado doble y unitario *de conversión y reconciliación.*

Sin embargo, no faltan caminos pastorales oportunos para salir al encuentro de estas personas. La Iglesia ve sus sufrimientos y las graves dificultades que atraviesan, y en su caridad materna se preocupa tanto por ellos como por los hijos de su anterior matrimonio: privados del derecho original a la presencia de ambos padres, son las primeras víctimas de estas situaciones dolorosas.

Es necesario, ante todo, poner en práctica con urgencia *una pastoral de preparación y apoyo adecuado* a los matrimonios en el momento de la crisis. Está en juego el anuncio del don y del mandamiento de Cristo sobre el matrimonio. Los pastores, especialmente los párrocos, deben acompañar y sostener de corazón a estos hombres y mujeres, ayudándoles a comprender que, aunque hayan roto el vínculo matrimonial, no deben perder la esperanza en la gracia de Dios, que vela sobre su camino. La Iglesia no deja de «invitar a sus hijos que se encuentran en estas situaciones dolorosas a acercarse a la misericordia divina por otros caminos (...), hasta que no hayan alcanzado las disposiciones requeridas» (Exhortación apostólica *Reconciliatio et poenitentia,* 34). Los pastores «están llamados a hacer sentir la caridad de Cristo y la materna cercanía de la Iglesia; los acogen con amor, exhortándolos a confiar en la misericordia de Dios y sugiriéndoles, con prudencia y respeto, caminos concretos de conversión y de participación en la vida de la comunidad eclesial» (*Carta* de la Congregación para la Doctrina de la Fe sobre la recepción de la Comunión Eucarística por parte de los fieles divorciados vueltos a casar, 14 de septiembre de 1994, n. 2: «L'Osservatore Romano», edición en lengua española, 21 de octubre de 1994, p. 5)*. El Señor, movido por la misericordia, sale al encuentro de todos los necesitados, con la exigencia de la verdad y con el aceite de la caridad.

## Caridad y benevolencia

4. Por tanto, ¿cómo no seguir con preocupación la situación de tantos que, especialmente en las naciones económicamente desarrolladas, a causa de la separación viven una situación de abandono, sobre todo cuando se trata de personas a las que no se les puede imputar el fracaso de su matrimonio?

Cuando una pareja en situación irregular vuelve a la práctica cristiana es necesario *acogerla con caridad y benevolencia,* ayudándola a aclarar el estado concreto de su condición, a través de un trabajo pastoral iluminado e iluminador. Esta *pastoral de acogida* fraterna y evangélica es de gran importancia para los que habían perdido el contacto con la Iglesia, pues es el primer paso necesario para insertarlos en la práctica cristiana. Es preciso *acercarlos a la escucha de la palabra de Dios y a*

* La incluimos en este «documento mc», en la p. 19.

*la oración,* implicarlos en las obras de caridad que la comunidad cristiana realiza en favor de los pobres y los necesitados, y estimular *el espíritu de arrepentimiento* con obras de penitencia, que preparen su corazón para acoger la gracia de Dios.

Un capítulo muy importante es el de *la formación humana y cristiana de los hijos de la nueva unión.* Hacerlos partícipes de todo el contenido de la sabiduría del Evangelio, según la enseñanza de la Iglesia, es una obra que prepara admirablemente el corazón de los padres para recibir la fuerza y la claridad necesarias a fin de superar las dificultades reales que encuentran en su camino y volver a tener la plena transparencia del misterio de Cristo, que el Matrimonio cristiano significa y realiza. Una tarea especial, difícil pero necesaria, corresponde también *a los otros miembros* que, de modo más o menos cercano, forman parte de la familia. Ellos, con una cercanía que no puede confundirse con la condescendencia, han de ayudar a sus seres queridos, y de manera particular a los hijos, que por su joven edad sufren más los efectos de la situación de sus padres.

Queridos hermanos y hermanas, la recomendación que brota hoy de mi corazón es la de tener confianza en todos los que viven situaciones tan dramáticas y dolorosas. No hay que dejar de «esperar contra toda esperanza» (*Rm* 4, 18) que también los que se encuentran en una situación no conforme con la voluntad del Señor puedan obtener de Dios la salvación, si saben perseverar en la oración, en la penitencia y en el amor verdadero.

## El Encuentro Mundial de las Familias en Río de Janeiro

5. En fin, os agradezco vuestra colaboración para la preparación del Segundo Encuentro Mundial de las Familias, que se celebrará en Río de Janeiro los días 4 y 5 del próximo mes de octubre. A las familias del mundo les dirijo mi invitación paterna a preparar ese encuentro mediante la oración y la reflexión. Sé que se ha preparado un instrumento útil para todas las familias, incluidas las que no podrán acudir a esa cita: se trata de catequesis, que servirán para iluminar a los grupos parroquiales, a las asociaciones y a los movimientos familiares, favoreciendo una digna interiorización de los grandes temas relativos a la familia.

Os aseguro mi recuerdo en mi oración para que vuestros trabajos contribuyan a devolver al sacramento del Matrimonio toda la carga de alegría y de lozanía perenne que le ha dado el Señor, al elevarlo a la dignidad de Sacramento.

Os deseo que seáis testigos generosos y atentos de la solicitud de la Iglesia por las familias, y os imparto de corazón mi bendición, que extiendo con mucho gusto a todos vuestros seres queridos.

CONGREGACIÓN
PARA LA DOCTRINA DE LA FE

# CARTA A LOS OBISPOS SOBRE LA RECEPCIÓN DE LA COMUNIÓN EUCARÍSTICA POR PARTE DE LOS FIELES DIVORCIADOS Y VUELTOS A CASAR

14-IX-1994

## CARTA A LOS OBISPOS SOBRE LA RECEPCIÓN DE LA COMUNIÓN EUCARÍSTICA POR PARTE DE LOS FIELES DIVORCIADOS Y VUELTOS A CASAR*

Excelencia Reverendísima:

1. El Año internacional de la Familia constituye una ocasión muy importante para volver a descubrir los testimonios del amor y solicitud de la Iglesia por la familia[1] y, al mismo tiempo, para proponer de nuevo la inestimable riqueza del Matrimonio cristiano que constituye el fundamento de la familia.

2. En este contexto merecen una especial atención las dificultades y los sufrimientos de aquellos fieles que se encuentran en situaciones matrimoniales irregulares[2]. Los pastores están llamados, en efecto, a hacer sentir la caridad de Cristo y la materna cercanía de la Iglesia; los acogen con amor,

---

* Traducción de «L'Osservatore Romano».

[1] Cfr JUAN PABLO II, *Carta a las Familias* (2 de febrero de 1994), n. 3.

[2] Cfr JUAN PABLO II, Exhort. apost. *Familiaris consortio*, nn. 79-84: *AAS* 74 (1982) 180-186.

exhortándolos a confiar en la misericordia de Dios y sugiriéndoles, con prudencia y respeto, caminos concretos de conversión y de participación en la vida de la comunidad eclesial[3].

3. Conscientes, sin embargo, de que la auténtica comprensión y la genuina misericordia no se encuentran separadas de la verdad[4], los pastores tienen el deber de recordar a estos fieles la doctrina de la Iglesia acerca de la celebración de los Sacramentos y especialmente de la recepción de la Eucaristía. Sobre este punto, durante los últimos años, en varias regiones se han propuesto diversas soluciones pastorales según las cuales ciertamente no sería posible una admisión general de los divorciados vueltos a casar a la Comunión Eucarística, pero podrían acceder a ella en determinados casos, cuando a juicio de la propia conciencia se consideraran autorizados a hacerlo. Así, por ejemplo, cuando hubieran sido abandonados del todo injustamente, a pesar de haberse esforzado sinceramente por salvar el anterior matrimonio, o bien cuando estuvieran convencidos de la nulidad de las precedentes nupcias, sin poder demostrarla en el foro externo, o cuando ya hubieran recorrido un largo camino de reflexión y de penitencia, o incluso cuando por motivos moralmente válidos no pudieran satisfacer la obligación de separarse.

---

[3] Cfr *Ibid.*, n. 84: *AAS* 74 (1982); *Carta a las Familias*, n. 5; *Catecismo de la Iglesia Católica*, n. 1651.

[4] Cfr Pablo VI, Enc. *Humanae vitae*, n. 29: *AAS* 77 (1985) 272; Enc. *Veritatis splendor*, n. 95: *AAS* 85 (1993) 1208.

En algunas partes se ha propuesto también que, para examinar objetivamente su situación efectiva, los divorciados vueltos a casar deberían entrevistarse con un sacerdote prudente y experto. Su eventual decisión de conciencia de acceder a la Eucaristía, sin embargo, debería ser respetada por ese sacerdote, sin que ello implicase una autorización oficial.

En estos casos y otros similares se trataría de una solución pastoral, tolerante y benévola, para poder hacer justicia a las diversas situaciones de los divorciados vueltos a casar.

4. Aunque es sabido que análogas soluciones pastorales fueron propuestas por algunos Padres de la Iglesia y entraron en cierta medida incluso en la práctica, sin embargo nunca obtuvieron el consentimiento de los Padres ni constituyeron en modo alguno la doctrina común de la Iglesia, como tampoco determinaron su disciplina. Corresponde al Magisterio universal de la Iglesia, en fidelidad a la Sagrada Escritura y a la Tradición, enseñar e interpretar auténticamente el *depósito de la fe*.

Por consiguiente, frente a las nuevas propuestas pastorales arriba mencionadas, esta Congregación siente la obligación de volver a recordar la doctrina y la disciplina de la Iglesia al respecto. Fiel a la palabra de Jesucristo[5], la Iglesia afirma

---

[5] *Mc* 10, 11-12: «Quien repudie a su mujer y se case con otra, comete adulterio contra aquélla; y si ella repudia a su marido y se casa con otro, comete adulterio».

que no puede reconocer como válida esta nueva unión, si era válido el anterior matrimonio. Si los divorciados se han vuelto a casar civilmente, se encuentran en una situación que contradice objetivamente a la ley de Dios y por consiguiente no pueden acceder a la Comunión Eucarística mientras persista esa situación[6].

Esta norma de ninguna manera tiene un carácter punitivo o en cualquier modo discriminatorio hacia los divorciados vueltos a casar, sino que expresa más bien una situación objetiva que de por sí hace imposible el acceso a la Comunión Eucarística. «Son ellos los que no pueden ser admitidos, dado que su estado y situación de vida contradicen objetivamente la unión de amor entre Cristo y la Iglesia, significada y actualizada en la Eucaristía. Hay además otro motivo pastoral: si se admitieran estas personas a la Eucaristía los fieles serían inducidos a error y confusión acerca de la doctrina de la Iglesia sobre la indisolubilidad del matrimonio»[7].

Para los fieles que permanecen en esa situación matrimonial, el acceso a la Comunión Eucarística sólo es posible por medio de la absolución sacramental, que puede ser concedida únicamente a los que, arrepentidos de haber violado el signo de la Alianza y de la fidelidad a Cristo, están sinceramente dispuestos a llevar una forma de vida que

[6] Cfr *Catecismo de la Iglesia Católica,* n. 1650; cfr también n. 1640 y CONCILIO DE TRENTO, sess. XXIV: *DS* 1797-1812.

[7] Exhort. apost. *Familiaris consortio,* n. 84.

no contradiga la indisolubilidad del Matrimonio. Esto lleva consigo concretamente que cuando el hombre y la mujer, por motivos serios –como, por ejemplo, la educación de los hijos– no pueden cumplir la obligación de la separación, «asumen el compromiso de vivir en plena continencia, o sea de abstenerse de los actos propios de los esposos»[8]. En este caso ellos pueden acceder a la Comunión Eucarística, permaneciendo firme sin embargo la obligación de evitar el escándalo.

5. La doctrina y la disciplina de la Iglesia sobre esta materia han sido ampliamente expuestas en el período post-conciliar por la Exhortación apostólica *Familiaris consortio*. La Exhortación, entre otras cosas, recuerda a los pastores que, por amor a la verdad, están obligados a discernir bien las diversas situaciones y los exhorta a animar a los divorciados que se han casado otra vez para que participen en diversos momentos de la vida de la Iglesia. Al mismo tiempo, reafirma la praxis constante y universal, «fundada en la Sagrada Escritura, de no admitir a la Comunión Eucarística a los divorciados vueltos a casar»[9], indicando los motivos de la misma. La estructura de la Exhortación y el tenor de sus palabras dejan entender claramente que tal praxis, presentada como vinculante, no puede ser modificada basándose en las diferentes situaciones.

---

[8] *Ibid.;* cfr JUAN PABLO II, *Homilía para la clausura del VI Sínodo de los Obispos,* n. 7: *AAS* 72 (1980) 1082.

[9] Exhort. apost. *Familiaris consortio,* n. 84.

6. El fiel que de manera habitual está conviviendo conyugalmente con una persona que no es la legítima esposa o el legítimo marido, no puede acceder a la Comunión Eucarística. En el caso de que él lo juzgara posible, los pastores y los confesores, dada la gravedad de la materia y las exigencias del bien espiritual de la persona[10] y del bien común de la Iglesia, tienen el grave deber de advertirle que dicho juicio de conciencia contrasta abiertamente con la doctrina de la Iglesia[11]. También tienen que recordar esta doctrina cuando enseñan a todos los fieles que les han sido encomendados.

Esto no significa que la Iglesia no sienta una especial preocupación por la situación de estos fieles que, por lo demás, de ningún modo se encuentran excluidos de la comunión eclesial. Se preocupa de acompañarlos pastoralmente e invitarlos a participar en la vida eclesial en la medida en que sea compatible con las disposiciones del derecho divino, sobre las cuales la Iglesia no posee poder alguno para dispensar[12]. Por otra parte, es necesario instruir a los fieles interesados a fin de que no crean que su participación en la vida de la Iglesia se reduce exclusivamente a la cuestión de la recepción de la Eucaristía. Se debe ayudar a los fieles a profundizar su comprensión del valor de la participación al sacrificio de Cristo en la Misa, de la co-

---

[10] Cfr *1 Co* 11, 27-29.

[11] Cfr *Código de Derecho Canónico,* can. 978 § 2.

[12] Cfr *Catecismo de la Iglesia Católica,* n. 1640.

munión espiritual[13], de la oración, de la meditación de la palabra de Dios, de las obras de caridad y de justicia[14].

7. La errada convicción de poder acceder a la Comunión Eucarística por parte de un divorciado vuelto a casar, presupone normalmente que se atribuya a la conciencia personal el poder de decidir en último término, basándose en la propia convicción[15], sobre la existencia o no del anterior matrimonio y sobre el valor de la nueva unión. Sin embargo, dicha atribución es inadmisible[16]. El Matrimonio, en efecto, en cuanto imagen de la unión esponsal entre Cristo y su Iglesia así como núcleo basilar y factor importante en la vida de la sociedad civil, es esencialmente una realidad pública.

8. Es verdad que el juicio sobre las propias disposiciones con miras al acceso a la Eucaristía debe ser formulado por la conciencia moral adecuadamente formada. Pero es también cierto que el consentimiento, sobre el cual se funda el Matrimonio, no es una simple decisión privada, ya que crea para cada uno de los cónyuges y para la pareja una situación específicamente eclesial y social. Por lo tanto el juicio de la conciencia sobre la propia si-

---

13 Cfr CONGREGACIÓN PARA LA DOCTRINA DE LA FE, *Carta a los Obispos de la Iglesia Católica sobre algunas cuestiones relativas al Ministro de la Eucaristía,* III/4: *AAS* 75 (1983) 1007; SANTA TERESA DE ÁVILA, *Camino de perfección,* 35, 1; SAN ALFONSO Mª. DE LIGORIO, *Visitas al Santísimo Sacramento y a María Santísima.*

14 Cfr Exhort. apost. *Familiaris consortio,* n. 84.

15 Cfr Enc. *Veritatis splendor,* n. 55: *AAS* 85 (1993) 11/8.

16 Cfr *Código de Derecho Canónico,* can. 1085 § 2.

tuación matrimonial no se refiere únicamente a una relación inmediata entre el hombre y Dios, como si se pudiera dejar de lado la mediación eclesial que incluye también las leyes canónicas que obligan en conciencia. No reconocer este aspecto esencial significaría negar de hecho que el Matrimonio exista como realidad de la Iglesia, es decir, como Sacramento.

9. Por otra parte la Exhortación *Familiaris consortio,* cuando invita a los pastores a saber distinguir las diversas situaciones de los divorciados vueltos a casar, recuerda también el caso de los que están subjetivamente convencidos en conciencia de que el anterior matrimonio, irreparablemente destruido, jamás había sido válido[17]. Ciertamente es necesario discernir a través de la vía del fuero externo establecida por la Iglesia si existe objetivamente esta nulidad matrimonial. La disciplina de la Iglesia, al mismo tiempo que confirma la competencia exclusiva de los tribunales eclesiáticos para el examen de la validez del Matrimonio de los católicos, ofrece además nuevos caminos para demostrar la nulidad de la anterior unión, con el fin de excluir, en cuanto sea posible, cualquier diferencia entre la verdad verificable en el proceso y la verdad objetiva conocida por la recta conciencia[18].

[17] Cfr Exhort. apost. *Familiaris consortio,* n. 84.

[18] Cfr *Código de Derecho Canónico,* cánn. 1536 § 2 y 1679 y *Código de los cánones de las Iglesias Orientales,* cánn. 1271 § 2 y 1365, acerca de la fuerza probatoria de las declaraciones de las partes en dichos procesos.

Atenerse al juicio de la Iglesia y observar la disciplina vigente sobre la obligatoriedad de la forma canónica, en cuanto necesaria para la validez de los matrimonios de los católicos, es lo que verdaderamente ayuda al bien espiritual de los fieles interesados. En efecto, la Iglesia es el Cuerpo de Cristo y vivir en la comunión eclesial es vivir en el Cuerpo de Cristo y nutrirse del Cuerpo de Cristo. Al recibir el sacramento de la Eucaristía, la comunión con Cristo Cabeza jamás puede estar separada de la comunión con sus miembros, es decir con la Iglesia. Por esto el Sacramento de nuestra unión con Cristo es también el Sacramento de la unidad de la Iglesia. Recibir la Comunión Eucarística hallándose en contraste con las normas de la Comunión eclesial es por lo tanto algo en sí mismo contradictorio. La Comunión sacramental con Cristo incluye y presupone el respeto, muchas veces difícil, de las disposiciones de la comunión eclesial y no puede ser recta y fructífera si el fiel, aunque quiera acercarse directamente a Cristo, no respeta esas disposiciones.

10. De acuerdo con todo lo que se ha dicho hasta ahora, hay que realizar plenamente el deseo expreso del Sínodo de los Obispos, asumido por el Santo Padre Juan Pablo II y llevado a cabo con empeño y con laudables iniciativas por parte de Obispos, sacerdotes, religiosos y fieles laicos: con solícita caridad hacer todo aquello que pueda fortalecer en el amor de Cristo y de la Iglesia a los fieles que se encuentran en situación matrimonial

irregular. Sólo así será posible para ellos acoger plenamente el mensaje del Matrimonio cristiano y soportar en la fe los sufrimientos de su situación. En la acción pastoral se deberá realizar toda clase de esfuerzos para que se comprenda bien que no se trata de discriminación alguna, sino únicamente de fidelidad absoluta a la voluntad de Cristo, que restableció y nos confió de nuevo la indisolubilidad del Matrimonio como don del Creador. Será necesario que los pastores y toda la comunidad de fieles sufran y amen junto con las personas interesadas, para que puedan reconocer también en su carga el yugo suave y la carga ligera de Jesús[19]. Su carga no es suave y ligera en cuanto pequeña o insignificante, sino que se vuelve ligera porque el Señor –y junto con Él toda la Iglesia– la comparte. Es tarea de la acción pastoral, que se ha de desarrollar con plena dedicación, ofrecer esta ayuda fundada conjuntamente en la verdad y en el amor.

Unidos en el empeño colegial de hacer resplandecer la verdad de Jesucristo en la vida y en la praxis de la Iglesia, me es grato confirmarme de su Excelencia Reverendísima

devotísimo en Cristo

✠ Joseph Card. RATZINGER
*Prefecto*

✠ Alberto BOVONE
Arzobispo tit. de Cesarea de Numidia
*Secretario*

---

[19] Cfr *Mt* 11, 30.

*El Sumo Pontífice Juan Pablo II, durante la audiencia concedida al Cardenal Prefecto ha aprobado la presente Carta, acordada en la reunión ordinaria de esta Congregación, y ha ordenado que se publique.*

Roma, en la sede de la Congregación para la Doctrina de la Fe, el día 14 de septiembre de 1994, fiesta de la Exaltación de la Santa Cruz.

ASAMBLEA PLENARIA
DEL CONSEJO PONTIFICIO
PARA LA FAMILIA

# RECOMENDACIONES SOBRE LA PASTORAL DE LOS DIVORCIADOS

## RECOMENDACIONES SOBRE LA PASTORAL DE LOS DIVORCIADOS*

Queremos expresar nuestra fe en el sacramento del Matrimonio: unión definitiva de un hombre y una mujer bautizados en Cristo; unión ordenada a la acogida y a la educación de los hijos (cfr *Gaudium et spes,* 48).

Constatamos que el sacramento del Matrimonio constituye una riqueza para los mismos esposos, para la sociedad y para la Iglesia. Implica una maduración bajo el signo de la esperanza para los que desean robustecer su amor en la estabilidad y fidelidad, con la ayuda de Dios que bendice su unión. Esa realidad redunda en beneficio también de todas las demás parejas.

En muchos países, los divorcios se han convertido en una auténtica «plaga» social (cfr *Gaudium et spes,* 47). Las estadísticas señalan un crecimiento continuo de los fracasos, incluso entre personas que se hallan unidas en el sacramento del

* Corresponde a la XIII Asamblea plenaria, 22-25 de enero de 1997. Traducción de «L'Osservatore Romano», 14-III-1997.

Matrimonio. Este preocupante fenómeno lleva a considerar sus numerosas causas, entre las cuales se encuentran: el desinterés, de hecho, del Estado con respecto a la estabilidad del matrimonio y de la familia, una legislación permisiva sobre el divorcio, la influencia negativa de los medios de comunicación social y de las organizaciones internacionales y la insuficiente formación cristiana de los fieles.

Estas situaciones son una fuente de sufrimiento tanto para los hombres de hoy como, sobre todo, para los que ven que fracasa el proyecto de su amor conyugal.

La Iglesia es muy sensible al dolor de sus miembros: al igual que se alegra con los que se alegran, también llora con los que lloran (cfr *Rm* 12, 15).

Como ha subrayado muy bien el Santo Padre en el discurso que nos dirigió durante los trabajos de la Asamblea plenaria: «Estos hombres y estas mujeres deben saber que la Iglesia los ama, no está alejada de ellos y sufre con su situación. Los divorciados vueltos a casar son y siguen siendo miembros suyos, porque han recibido el Bautismo y conservan la fe cristiana» (n. 2)*.

Así pues, los pastores han de mostrar su solicitud hacia los que sufren las consecuencias del divorcio, sobre todo hacia los hijos; se deben preocupar de todos y, siempre en armonía con la verdad del matrimonio y de la familia, tratan de

* Con ese discurso del Santo Padre hemos iniciado este «documento mc».

aliviar la herida infligida al signo de la alianza de Cristo con la Iglesia.

La Iglesia Católica, al mismo tiempo, no puede quedar indiferente frente al aumento de esas situaciones, ni debe rendirse ante una costumbre, fruto de una mentalidad que devalúa el matrimonio como compromiso único e indisoluble, así como no puede aprobar todo lo que atenta contra la naturaleza propia del matrimonio mismo.

La Iglesia, además, no se limita a denunciar los errores, sino que, según la constante doctrina de su magisterio –reafirmada especialmente en la Exhortación apostólica *Familiaris consortio* (nn. 83 y 84)– quiere hacer uso de cualquier medio para que las comunidades locales puedan sostener a las personas que viven en esas condiciones.

Por esto, nosotros, en la Asamblea plenaria del Consejo Pontificio para la Familia, presentamos las siguientes recomendaciones a los Obispos –como moderadores de la pastoral matrimonial–, así como a sus respectivas comunidades. Podrán ser útiles para concretar las orientaciones pastorales y para adecuarlas a las situaciones particulares.

Además, invitamos a todos los que tienen responsabilidades en la Iglesia a un esfuerzo especial con respecto a los que viven las consecuencias de las heridas causadas por el divorcio, teniendo presente:

— la solidaridad de toda la comunidad;

— la importancia de la virtud de la misericordia; que respeta la verdad del matrimonio;

— la confianza en la ley de Dios y en las disposiciones de la Iglesia, que protegen amorosamente el matrimonio y la familia;

— y un espíritu animado por la esperanza.

Ese esfuerzo especial supone una adecuada formación de los sacerdotes y de los laicos comprometidos en la pastoral familiar. El primer signo del amor de la Iglesia es no permitir que caiga el silencio sobre una situación tan preocupante (cfr *Familiaris consortio,* 84).

Para ayudar a redescubrir el valor y el significado del Matrimonio cristiano y de la vida conyugal, proponemos tres objetivos y los correspondientes medios pastorales.

## Primer objetivo: la fidelidad

Conviene que toda la comunidad cristiana utilice los medios para sostener *la fidelidad al sacramento del Matrimonio,* con un esfuerzo constante encaminado a:

— cuidar la preparación y la celebración del sacramento del Matrimonio;

— dar toda su importancia a la catequesis sobre el valor y el significado del amor conyugal y familiar;

— acompañar a los hogares en su vida diaria (pastoral familiar, recurso a la vida sacramental, educación cristiana de los niños, movimientos familiares, etc.);

— alentar y ayudar a los cónyuges separados o

divorciados, que viven solos, a permanecer fieles a los deberes de su matrimonio;

— preparar un directorio de los Obispos sobre la pastoral familiar (cfr *Familiaris consortio,* 66), donde aún no se haya realizado;

— cuidar la preparación del clero y en particular de los confesores, para que formen las conciencias según las leyes de Dios y de la Iglesia sobre la vida conyugal y familiar;

— promover la formación doctrinal de los agentes pastorales;

— animar la oración litúrgica para los que atraviesan dificultades en su matrimonio;

— y difundir estas orientaciones pastorales también mediante folletos sobre la situación de los divorciados vueltos a casar.

## Segundo objetivo: ayudar a las familias en dificultad

Los pastores deben exhortar en particular a los padres, en virtud del sacramento del Matrimonio que han recibido, para que sostengan a sus hijos casados; a los hermanos y hermanas, para que rodeen a las parejas con su fraternidad; y a los amigos, para que ayuden a sus amigos.

Además, los hijos de los separados y de los divorciados necesitan una atención específica, sobre todo en el marco de la catequesis.

Se debe promover también la asistencia pastoral de los que se dirigen o podrían dirigirse al juicio de los tribunales eclesiásticos. Conviene ayudarles a tomar en cuenta la posible nulidad de su matrimonio.

No hay que olvidar que a menudo las dificultades matrimoniales pueden degenerar en drama, si los esposos no tienen la voluntad o la posibilidad de acudir con confianza, cuanto antes, a una persona –sacerdote o laico competente– para que les ayude a superarlas.

En cualquier caso, es preciso hacer todo lo posible para llegar a una reconciliación.

## Tercer objetivo: acompañamiento espiritual

Cuando los cristianos divorciados pasan a una unión civil, la Iglesia, fiel a la enseñanza de nuestro Señor (cfr *Mc* 10, 2-9), no puede expresar signo alguno, ni público ni privado, que significara una especie de legitimación de la nueva unión.

Con frecuencia se constata que la experiencia del anterior fracaso puede provocar la necesidad de solicitar la misericordia de Dios y su salvación. Es preciso que los divorciados que se han vuelto a casar den la prioridad a la regularización de su situación en la comunidad eclesial visible e, impulsados por el deseo de responder al amor de Dios, se dispongan a un camino destinado a hacer que se supere todo desorden. La conversión, sin embargo, puede y debe comenzar sin dilación ya en el estado existencial en que cada uno se encuentra.

## Sugerencias pastorales

El Obispo, testigo y custodio del signo matrimonial -junto con los sacerdotes, sus colaboradores-, con el deseo de llevar a su pueblo hacia la salvación y la verdadera felicidad, deberá:

a) expresar la fe de la Iglesia en el sacramento del Matrimonio y recordar las directrices para una preparación y una celebración fructuosa;

b) mostrar el sufrimiento de la Iglesia ante los fracasos de los matrimonios y sobre todo ante las consecuencias para los hijos;

c) exhortar y ayudar a los divorciados, que han quedado solos, a ser fieles al sacramento de su Matrimonio (cfr *Familiaris consortio,* 83);

d) invitar a los divorciados que han pasado a una nueva unión a:

— reconocer su situación irregular, que implica un estado de pecado, y a pedir a Dios la gracia de una verdadera conversión;

— observar las exigencias elementales de la justicia hacia su cónyuge en el Sacramento y hacia sus hijos;

— tomar conciencia de sus propias responsabilidades en estas uniones;

— comenzar inmediatamente un camino hacia Cristo, único que puede poner fin a esa situación: mediante un diálogo de fe con la persona con quien convive, para un progreso común hacia la conversión, exigida por el Bautismo, y sobre todo mediante la oración y la participación en las celebraciones litúrgicas, pero sin olvidar que, por ser divorciados vueltos a casar, no pueden recibir los sacramentos de la Penitencia y de la Eucaristía;

e) llevar a la comunidad cristiana a una comprensión más profunda de la importancia de la piedad eucarística, como por ejemplo: la visita al santísimo Sacramento, la comunión espiritual, la adoración del Santísimo;

f) invitar a meditar en el sentido del pecado, llevando a los fieles a comprender mejor el sacramento de la Reconciliación;

g) y estimular a una comprensión adecuada de la contrición y de la curación espiritual, que supone también el perdón de los demás, la reparación y el compromiso efectivo al servicio del prójimo.

CARD. JORGE MEDINA ESTÉVEZ

# LA ACCIÓN PASTORAL HACIA PERSONAS QUE TIENEN UN STATUS FAMILIAR IRREGULAR

3-I-1997

# LA ACCIÓN PASTORAL HACIA PERSONAS QUE TIENEN UN STATUS FAMILIAR IRREGULAR*

## I. Aproximación a la idea de «pastoral»

El adjetivo «pastoral» suscita reminiscencias bíblicas, tanto del Antiguo como del Nuevo Testamento. Dios es Pastor de su pueblo (*Is* 40, 10 ss.; *Ez* 34, 11-16). Históricamente hay hombres que merecen el calificativo de buenos pastores (*Ez* 34, 23; *Jr* 3, 15; *Is* 44, 28) y otros que son malos pastores, porque usurpan un nombre cargado de dignidad pero no actúan en forma coherente con él ni con la tarea que implica (*Ez* 34; 28; *Jr* 2, 8; 10, 21; 12, 10; 50, 6).

Jesucristo se identifica con el nombre de Buen Pastor (*Jn* 10, 11 ss.) y contrapone su actitud con la de los mercenarios (*Ibid.* v. 12). San Pedro lo llama «príncipe de los pastores» (*1 P* 5, 4), y podría interpretarse esta expresión como «aquel en quien tiene su origen y raíz toda acción pastoral». Pedro no

---

* Publicado en la Revista «Familia et Vita», 2/97; pp. 76-87.

podía olvidar que Jesús le había encargado «apacentar» sus ovejas (*Jn* 21, 16 ss.), es decir, cuidar de un rebaño que no es propiedad suya o de los demás Apóstoles o de sus sucesores, sino que sería siempre el rebaño o grey de Cristo. En un texto muy conocido del libro de los *Hechos*, San Pablo se dirige a los «episcopoi» indicándoles que el Espíritu Santo les ha encargado «apacentar», lo que equivale a «conducir» o «guiar» la Iglesia de Dios (*Hch* 20, 28).

El pastor de la Iglesia es un servidor (*Lc* 22, 27; *Mc* 10, 45; *Mt* 20, 28; *Rm* 12, 7). No se apacienta a sí mismo, no busca sus ventajas económicas, ni el aplauso, ni «que todos hablen bien de ellos» (*Lc* 6, 26), sino que comprende su tarea como un servicio que puede llegar hasta «dar la vida por las ovejas» (*Jn* 10, 11-17 ss.). No es una simple coincidencia el hecho de que numerosos pastores, Obispos y presbíteros, y no pocos diáconos, hayan sellado con el martirio la fidelidad a su ministerio. Se puede decir que la «pastoralidad» es una característica de la eclesialidad. Toda acción propiamente eclesial es por lo mismo pastoral, sea en forma directa e inmediata, sea de un modo indirecto, al servicio de otras acciones pastorales directas. Se puede afirmar también que toda acción apostólica está necesariamente marcada por el sello de la pastoralidad, sea porque está siempre en comunión con los legítimos pastores de la Iglesia, sea porque su estilo tiene que llevar necesariamente la impronta de las actitudes de Jesús, el Buen Pastor (ver especialmente *Jn* 10, 2-28). Esas actitudes son el amor, la paciencia, el conocimiento personal y no sólo estadístico, el compartir la suerte de la grey, la valentía y el asumir los riesgos, buscar lo mejor para las ovejas, tomar la iniciativa de llamar y buscar la oveja perdida y de traerla amorosamente al redil, vivir en función del rebaño y estar incluso dispuesto a dar la vida en defensa de la grey. Si en la Antigua Alianza el cordero era una de las víctimas más frecuentes de los sacrificios rituales, el nombre de «cordero de Dios» que Juan Bautista aplica a Cristo (*Jn* 1, 29.36) tiene una misteriosa relación con su calidad de Pontífice de la Nueva Alianza, que penetra el santuario de los cielos llevando no ya la sangre de animales, sino su propia sangre, ofrecida de una vez para siempre para el perdón de los pecados (*Hb* 9, 12-14). La ofrenda de sí mismo que hace el Buen Pastor está referida a lo que constituye su misión de «dar su vida por la redención de muchos» (*Mt* 20, 28), puesto que Él ha venido para que los suyos «tengan vida y la tengan en abundancia» (*Jn* 10, 10). Quizá se pueda agregar aún una hipótesis. Si los miembros de Cristo son sus «ovejas» y «corderos», como Él es el cordero de Dios, se puede pensar que esta expresión insinúa también el sentido «religioso» y «sacrificial» de la vida cristiana: El Padre nos ha elegido en Cristo «para ser santos e inmaculados en su presencia... para alabanza de la gloria de su gracia» (*Ef* 1, 4-6). O sea, para que nuestra vida sea para Dios (*Rm* 14, 8; *2 Co* 5, 15). El sacrificio ritual es un acto de latría, de adoración y alabanza ante todo, expresión de que todo pertenece a Dios y de que la creación no tiene otra finalidad que su gloria. La expresión ritual es la consecuencia de la «devoción» interior, de la actitud de creatura adorante que encuentra en la gloria de Dios su propia plenitud, puesto que hemos sido creados «para alabanza de la gloria de su gracia» (*Ef* 1, 6.12.14). Así, la pastoral es el conjunto de acciones portadoras de gracia que confieren a los hombres la vida divina, los «deifican» y los hacen tomar parte en la «economía», el misterioso designio de salvación que introduce, al mismo tiempo, en el gozo del Espíritu y en la Liturgia en espíritu y en verdad (*Jn* 4, 23 ss.; *Rm* 12, 1 ss.).

Las acciones pastorales pueden agruparse en los tres quehaceres que con frecuencia ha señalado el Concilio Vaticano II como un esquema válido y tradicional: el anuncio de la Palabra de Dios, la celebración de la liturgia eclesial y la conducción de la comunidad. Tres quehaceres que son en cierto modo inseparables unos de otros y que son tributarios entre sí. Tres quehaceres que son «pastorales» porque son acciones a través de las cuales Cristo, Buen Pastor, comunica su vida a quienes son miembros de su Cuerpo. Hay que tener siempre presente que toda acción pastoral nace de la unidad del designio salvador de Dios y apunta a aquella realidad definitiva en la que Dios «será todo en todas las cosas» (*1 Co* 15, 28). Desde este punto de vista se puede apreciar lo incorrecto que sería parcializar la acción pastoral, dividiéndola en compartimentos estancos, impermeables unos a otros, como si fuera posible hacer una acción pastoral auténtica que prescindiera de alguno de los campos de la acción salvífica, que no es obra humana sino la expresión de la economía divina.

## II. Cualidades de la acción pastoral

Cuando se emplea la palabra «pastoral» *como sustantivo,* es decir como acción, podrían señalársele algunas cualidades que deben caracterizarla siempre.

La *primera* es que toda acción pastoral tiene que *fundarse necesariamente en la fe cristiana y católica y en la doctrina de la Iglesia.* La acción pastoral procede de la fe y apunta hacia la consecución de la gracia o a su crecimiento. La fe debe traducirse en vida y la vida cristiana es expresión de la fe. Por eso no es posible delinear acciones pretendidamente pastorales que prescindieran de la fe o que hicieran caso omiso de exigencias que son constitutivas de la vida según el Evangelio en su totalidad.

Una acción auténticamente pastoral *no puede ser selectiva, subrayando sólo partes* del mensaje evangélico, sino que debe ser «católica», es decir «según totalidad». Nunca será legítimo cercenar el mensaje evangélico en aras de obtener que determinadas personas lo acepten más fácilmente por la simple razón de que eso conduciría a obtener la adhesión a algo que no es el genuino Evangelio de Jesucristo. La *segunda* es que implica una *conducción.* Esto requiere claridad de ideas en cuanto al objetivo que se persigue y una voluntad de ejecución de determinadas prioridades empleando metodologías apropiadas. La conducción presupone una autoridad con capacidad de decisión y supone diversos niveles de *discernimiento* en los que diferentes personas puedan expresar libre y razonadamente sus preferencias en orden a las opciones metodológicas que se van a tomar. La conducción se ve facilitada cuando quien la ejerce tiene características ejemplares que son por sí mismas fuerza de convicción e invitación al seguimiento. En la Iglesia el ministerio de conducción pertenece a los Obispos en comunión con el Papa, y ellos pueden comunicar en diversos grados la participación en su oficio. La tradición de la Iglesia ha considerado siempre la existencia de cuerpos o instancias colegiadas al lado de las autoridades unipersonales de conducción. El aspecto de la conducción está muy presente en la imagen de Cristo, Buen Pastor.

La *tercera* puede expresarse con la palabra *encaminamiento.* El sentido es parecido al de conducción, pero tiene un *matiz de movimiento y* de peregrinación. También el que conduce va en camino: va junto con los que son conducidos, comparte su búsqueda y su deseo de avanzar. La idea de encaminamiento permite considerar la eventualidad de que alguien transitoriamente se aleje del camino apropiado. Para el cristiano el «camino» no es una realidad inerte sino una persona: Jesucristo. Él es el camino (*Jn* 14, 6) y lo es porque es ejemplo (ver *Jn* 13, 15), porque es la norma y porque es Él quien sostiene el movimiento de su Iglesia. Es interesante tener presente que la palabra «camino» es una de las denominaciones primitivas del cristianismo (ver *Mc* 1, 2 ss.; *Hch* 16, 17; 19, 9; 22, 4; 24, 14; *Hb* 10, 20; *2 P* 2; etc.).

La *cuarta* cualidad es la *progresividad.* La acción pastoral no sólo sostiene y sustenta valores ya adquiridos, sino que alienta el progreso, el *crecimiento,* el desarrollo de la vida en Cristo. La pedagogía de Jesús para con sus Apóstoles y discípulos estuvo marcada por la paciencia. No planteó todas las exigencias desde un primer momento, sino que los fue ayudando a descubrir paulatinamente la llamada a la perfección y los contenidos del ideal evangélico. La *progresividad* o *crecimiento* es una dimensión que tiene estrecha relación con la *conducción* y el *encaminamiento:* cada una de ellas señala un dinamismo que corresponde tanto a la dimensión interior de «vivir en Cristo» y «de Cristo», como a la dimensión escatológica que implica vivir las realidades temporales como antesala y preparación de la vida eterna. Una pastoral que no mirara hacia la vida eterna no tendría sentido y no correspondería a la fe católica.

Conviene tener siempre presente que la *meta* de toda pastoral puede resumirse en las cláusulas del «Padre nuestro» (*Mt* 6, 9-13), o en la introducción de la Epístola a los *Efesios* (*Ef* 1, 3-14), o en las Bienaventuranzas (*Mt* 5, 3-12), o en la fórmula de San Pablo «para mí, la vida es Cristo, y la muerte una ganancia» (*Flp* 1, 21), o en la otra, también suya, «nosotros para Dios vivimos y para Dios morimos» (*Rm* 14, 8). El objetivo de la acción pastoral consiste en que el designio de salvación se realice en cada persona y en la comunidad, a fin de que seamos partícipes de las inimaginables riquezas de Cristo (ver *Ef* 3, 8) y poseedores de la plenitud del gozo en el Espíritu Santo, aquí y más tarde en la gloria (*2 Co* 4, 17 ss.).

Lo dicho sirve para poner en mayor evidencia la naturaleza de la acción pastoral como acción eclesial y para evitar el peligro de concebirla solamente como una metodología de planificación, la que es útil y necesaria, pero a condición de mantenerse como adjetiva e instrumental con respecto a la esencia misma de la pastoralidad.

## III. Los agentes de la acción pastoral

Puesto que la acción pastoral es conducción y encaminamiento, es claro que en ella corresponde una responsabilidad propia a quienes en la Iglesia son «pastores» en el sentido propio de la expresión, es decir al Romano Pontífice, a los Obispos diocesanos, como cabezas visibles de las Iglesias particulares, y a los presbíteros, asociados a ellos en virtud de su ordenación misma y que constituyen en la diócesis un único presbiterio, corresponsable con el Obispo de la peregrinación de la comunidad. La situación de los diáconos se ubica en el plano del servicio a las tareas del Obispo y del presbiterio, servicio que se realiza a diversos niveles de las tareas de conducción pastoral y cuya raíz está en la gracia del sacramento del Orden.

La acción pastoral no se agota en los ministros ordenados, aun cuando sean ellos quienes ejercen la función de Cristo Pastor, como servidores e instrumentos suyos. Todos los fieles cristianos, en razón de su Bautismo y de la Confirmación, tienen una responsabilidad apostólica: son enviados a dar el buen testimonio de Cristo y de su Evangelio, con sus palabras y por medio de su acción. La acción apostólica tiene un matiz diferente de la acción pastoral en la medida en que toda acción apostólica debe ejercitarse en comunión y bajo la guía o conducción de los pastores. Puede decirse que la acción apostólica es un aspecto de la acción pastoral, es solidaria con ella y necesita, para ser auténtica y fecunda, estar insertada en el organismo visible, vivo y estructurado de la Iglesia particular. Aun cuando las formas del apostolado laical son múltiples y variadas, deben tener todas ellas un vivo sentido de unidad y de catolicidad.

Es obvio que los agentes de la acción pastoral no pueden ejercerla en forma arbitraria sino en conformidad con la naturaleza misma de la economía de la salvación, en la que son indisociables la acogida de la Palabra de Dios, el culto sacramental, la observancia de la ley evangélica y la oración de la Iglesia. Una «solución pastoral» que contradijera la ley de Dios no sería auténticamente pastoral, pues el designio de salvación no es alcanzable al margen de la ley de Dios. Una actitud dictada pretendidamente por el amor, no puede contradecir la verdad, pues el amor y la verdad son indisociables (*Ef* 4, 15). Estas consideraciones subrayan el hecho de que la acción pastoral es un servicio, servicio de Dios y de su designio salvador, y por lo mismo y en esa misma medida un auténtico servicio a los hombres. Si Jesús se presentó a sí mismo como un servidor (*Mt* 20, 28; *Lc* 22, 27), Él ejerce su servicio como Pastor (*Jn* 10, 11 ss.), siempre atento a la voluntad del Padre (*Mt* 11, 26; *Jn* 8, 29).

Así es que en la acción pastoral es necesario hacer un permanente esfuerzo de discernimiento para percibir qué es lo que Dios quiere que se haga: la «planificación» pastoral no puede ser otra cosa que un instrumento al servicio de los designios salvadores de Dios y nunca una organización concebida con sólo criterios humanos o con finalidades que hagan abstracción de la finalidad última que es la salvación y la alabanza de la gloria de la gracia de Dios (*Ef* 1, 3 ss.).

## IV. Pastoral en situaciones familiares difíciles e irregulares

Este tipo de acción pastoral se inspira, como toda pastoral, en la voluntad salvífica universal de Dios Padre: «Dios quiere que todos los hombres se salven y lleguen al conocimiento de la verdad»

(*1 Tm* 2, 4). Ni la Iglesia, ni sus pastores, ni los fieles pueden desesperar de la salvación de nadie, en esta vida, y por lo mismo existe un deber pastoral y apostólico de acudir en ayuda de quienes están lejos de la fe o de la conducta evangélica. El hecho de que un cristiano viva en un estado que es objetivamente pecaminoso no puede traducirse en que la Iglesia, que es Madre, lo abandone. La ayuda posible es de varios tipos: la oración, pidiendo luz para que el pecador reconozca su situación, y fuerza para vencer los obstáculos que se oponen a la conversión; el consejo; la invitación a meditar la palabra de Dios y a hacer oración; la penitencia por quien está lejos del Señor, etc. Un hijo de Dios no puede menos de sentir profundo dolor al ver a un hermano descarriado: no sería un sentimiento cristiano el de mirar el mal moral como algo inevitable, como una situación que no nos afecta: el pecado de un hombre tiene repercusiones no sólo para él, sino para todo el Cuerpo de Cristo que es la Iglesia. Los santos se afligieron y lloraron por los pecados ajenos, oraron por los pecadores y tuvieron intenso celo por su salvación.

Conviene *distinguir cuidadosamente las situaciones «difíciles» de las «irregulares»*. Una situación «difícil» no es de suyo «irregular»; al contrario, toda situación «irregular» es automáticamente «difícil».

Entre las situaciones «difíciles» están las que enumera la *Familiaris consortio* en los nn. 77, 78 y 83:

— familias de emigrantes por motivos laborales;
— familias de quienes están obligados a largas ausencias;
— familias de presos, prófugos y exiliados;
— familias sin habitación;
— familias con uno solo de los padres;
— familias con miembros minusválidos, alcohólicos o drogadictos;
— familias ideológicamente divididas;
— familias que viven en un medio cultural ajeno;
— familias que viven en situación de minorías religiosas o étnicas;
— familias formadas por esposos menores de edad;
— familias de ancianos;
— familias formadas por matrimonios mixtos;
— familias de separados y divorciados, pero no casados de nuevo.

Es claro que todos estos tipos de familias necesitan el sostén de una acción pastoral eficaz de parte de *toda* la comunidad cristiana en la que debieran estar insertas. Las «dificultades» de estas familias no se originan necesariamente, en general, en un problema moral, aunque pueden a veces ser consecuencia de acciones que fueron, en su momento, pecaminosas. La acción pastoral hacia este tipo de familias no es el objeto de estas reflexiones.

Bajo la categoría de «irregular» se comprenden varias situaciones que *en sí mismas son incoheren-*

*tes con la moral* y que son, por lo tanto, *objetivamente pecaminosas*. Esas situaciones no sólo se originan en opciones contrarias a la moral, sino que *constituyen objetivamente «estados» de pecado*, vida en pecado. La conciencia acerca de lo inmoral de estas situaciones varía mucho de persona a persona, y depende de muchos factores, a veces en parte ajenos a la propia voluntad.

La *Familiaris consortio* enumera varias situaciones:

— las personas que conviven en *uniones* («matrimonios») *«a prueba»* o *«experimentales»* (n. 80);

— los que conviven en *uniones libres de hecho* (n. 81);

— los católicos *unidos sólo civilmente* (n. 82);

— los que, habiendo contraído matrimonio canónico, recurrieron al divorcio y contrajeron una nueva unión («matrimonio») civil: son los *«divorciados y casados de nuevo»* (n. 84).

Con respecto a estas personas hay que *diferenciar dos cosas:* en primer lugar las acciones apostólicas y pastorales *hacia* esas personas, acciones tendentes a ponerlas en contacto con algunos medios de salvación y, previamente, a hacerles aceptables e incluso deseables esos medios, y, en segundo lugar, *la participación* de dichas personas en las actividades apostólicas, pastorales y cultuales de la Iglesia.

Ambos tipos de acciones suelen encontrar una dificultad básica que consiste en que no pocas personas que se encuentran en las situaciones mencionadas no consideran que sean «irregulares» y menos aún que constituyan «estados de pecado». Algunas de estas personas se autojustifican acudiendo a «razones de conciencia», o considerando que la legislación eclesiástica sobre el matrimonio no es obligatoria en casos extraordinarios como serían los suyos. Otros admiten que sería bueno «regularizar» su situación, pero consideran que esa «regularización» se refiere al plano jurídico y social, pero no, o no tanto, al de la conciencia.

De esta dificultad básica nace una actitud interior que dificulta mucho cualquier solución, y es que, no reconociendo estas personas que su situación es objetivamente un estado de pecado, *no perciben porqué tendrían que arrepentirse.* Es comprensible que represente una gran dificultad psicológica aceptar que una unión en la que ha habido generosidad, sacrificios compartidos, hijos que han sido educados en la fe católica, «fidelidad» entre las partes, apoyo mutuo en diversos actos de búsqueda de Dios, testimonio de una convivencia humanamente «realizada» y respetada e incluso aceptada por otros, también por católicos, dicha unión esté bajo el signo del pecado y exija conversión y penitencia. Es comprensible que la definición tridentina de la contrición como «dolor del alma y detestación del pecado cometido, unidos al propósito de no volver a pecar» (DS 1676) resulte difícilmente aceptable para estas personas, sobre todo si la comprenden como un rechazo completo de todos y cada uno de los acontecimientos que han ido entretejiendo la trama de una unión que nació siendo irregular y sigue siéndolo en sí misma. En el diálogo con estas personas habrá que hacer un finísimo análisis, nada fácil de realizar, en el que se logre *diferenciar el pecado mismo,* siempre detestable e inaceptable, y *algunas consecuencias suyas,* no malas en sí mismas y de las que cabe incluso alegrarse porque tienen signo positivo en los designios salvadores de Dios.

En el acompañamiento pastoral de estas personas deben tener particular importancia *la paciencia y la gradualidad* no para decir que lo que ha sido malo, ahora es bueno, sino para permitir que las personas que se encuentran en estas situaciones *vayan descubriendo* las perspectivas gozosas de la penitencia y de la reconciliación. Para estas personas tienen especial significación las palabras de San Pablo a los *Romanos*: «Sabemos que todo coopera para los que aman a Dios, todo coopera para su bien» (Biblia de Jerusalén: «sabemos que en todas las cosas interviene Dios para bien de los que le aman») (*Rm* 8, 28). San Agustín se sintió autorizado para añadir: «incluso los pecados».

El momento del reconocimiento de su situación de pecado no suele ubicarse en las etapas iniciales de la acción pastoral y apostólica hacia estas personas. Generalmente este momento presupone una maduración en la que tienen parte importante el conocimiento de la Palabra de Dios y de la doctrina de la Iglesia. Por lo mismo, la acción pastoral y apostólica hacia ellas no tiene como única finalidad la de hacerles reconocer la incompatibilidad de su situación con la ley de Dios: ese reconocimiento, necesario por cierto, será el *resultado de una maduración interior* que debe darse, *ojalá en forma paralela y simultánea, en los dos cristianos* que están «unidos» en forma irregular.

Es bien posible que estas personas se hayan construido un *sistema de autojustificación* que les permite vivir en una relativa «paz» de conciencia. Ese sistema suele ser una *acomodación de los principios,* de modo que se verifica la frase lapidaria de Paul Bourget, al final de su novela *Un divorcio,* al decir que «cuando no se vive conforme a lo que se piensa, se termina pensando conforme a lo que se vive».

En todo caso es claro que la base conceptual de los distintos tipos de uniones irregulares es muy diferente y por lo mismo tendrá que ser diferente el modo de aproximación para poder comenzar un camino que conduzca a una concepción conforme con la fe cristiana del matrimonio y consiguientemente al cambio de situación vivencial.

## V. Yendo a lo concreto

Hasta aquí se han analizado los presupuestos para la acción pastoral, pero esto no quiere decir que mientras no se logren todos esos presupuestos no se puede hacer nada. Por el contrario, hay muchas cosas que se pueden hacer y que tendrán una influencia en la eventual solución del nudo del problema que es la coexistencia de una unión que no puede ser reconocida por la Iglesia como verdadero matrimonio, ni sacramental ni natural, y que es definitivamente contraria a la ley de Dios, con un deseo subjetivo de vivir religiosamente en paz con Dios y con la Iglesia.

La Exhortación apostólica *Familiaris consortio* indica, en el n. 84, una gama de acciones, las cuales pueden considerarse tanto en la perspectiva de la pastoral «hacia», como en la de la «participación» de estas personas en la vida de la Iglesia. El texto pontificio parte de la base que estas personas no deben considerarse «separadas de la Iglesia» y eso significa que no *están excomulgadas canónicamente y que no han roto necesariamente los vínculos de la fe y del reconocimiento de la legítima autoridad de la Iglesia.* Por su situación objetiva de pecado grave, es claro que *no pueden ser admitidas a los Sacramentos mientras no haya arrepentimiento y el consiguiente cambio de vida,* como lo precisa el mismo número de la Exhortación *Familiaris consortio.*

El problema de la «participación» de estas personas en la vida apostólica, pastoral y cultual de la Iglesia exige la consideración de varios elementos.

Desde luego, *la comunión de fe.* Si ésta no existe, cabe la cooperación en actividades caritativas o promocionales, pero resultaría incoherente una participación en lo que constituye el núcleo mismo de la identidad eclesial. Y siempre suponiendo al menos una actitud de respeto a la doctrina católica y no de contestación o rebeldía.

Enseguida, la comunión que se expresa en el *reconocimiento de las legítimas autoridades de la Iglesia,* sea a nivel universal, sea al de la Iglesia particular.

Existen campos en que la acción apostólica es una exigencia indispensable de la fe, como es el de la formación de los propios hijos en la fe para introducirlos en la vida sacramental, aun cuando los mismos padres no puedan participar en ella. Es ésta una acción que no constituye sólo un «derecho», sino que es un *deber* cuyo origen está en el Bautismo y en la Confirmación. Un deber cuyo cumplimiento es grato a Dios y que adquiere un matiz muy especial a causa de la dolorosa situación en que se ejercita.

Nada impide que un cristiano, aun en situación «irregular» y en estado objetivo de pecado, dé *testimonio de la fe cuando ella pide ser confesada* abiertamente por los hijos de la Iglesia. Este testimonio es una exigencia de la condición bautismal y no puede ser descalificado por provenir de personas que, en un sector de su vida, no tienen una actitud coherente con su fe. Esa incoherencia puede hacer que el valor del testimonio sea menos apreciado, pero, por otra parte, si es hecho con profunda fe y humildad, sin afán de autojustificación, puede resultar paradójicamente persuasivo.

La participación *en acciones que comprometen en forma más o menos oficial a la Iglesia* encuentra una dificultad especial porque podría interpretarse como un «reconocimiento» de la legitimidad de la situación de dichas personas, o como si esa situación fuera «aceptable» y no objetivamente pecaminosa. Un cristiano que se encuentra en la situación descrita debe tener la delicadeza de conciencia de evitar que su participación en determinadas acciones eclesiales pueda ser considerada como una «legitimación» de su situación irregular. Cuando la actitud adquiere los contornos de una verdadera presión para que su situación sea de facto equiparada a la del Matrimonio legítimo y sacramental, se está ante una conducta que contradice a la verdad y que, aun en el caso de no darse cuenta cabal de sus alcances y consecuencias, siembra confusión y daña la comunión cuyo fundamento no puede ser sino la verdad.

Desde un punto de vista psicológico y de la imagen, ver personas que conviven en un estado que es objetivamente pecaminoso, y que participan juntos en acciones eclesiales, es algo que resultará para no pocos, y con razón, desconcertante e incluso incoherente. Por eso es inapropiado que estas personas ejerciten cargos o desempeñen ministerios eclesiales. No es que se ponga en tela de juicio sus buenas intenciones o que se las juzgue como personas «indeseables», pero es imprescindible que la comunidad católica no reciba «señales» ambiguas y se dé pie para pensar que la situación de legítimo Matrimonio sacramental es un «ideal» que no resta «legitimidad» a otras uniones que objetivamente no son ni legítimas ni regulares. Es indudable que existe hacia esas personas un *deber de delicada caridad* pastoral, pero ese deber *no puede cumplirse a expensas de la verdad.* Por lo demás los cargos y ministerios eclesiales no constituyen un «derecho» de los fieles, sino que son confiados en virtud de la libre decisión de los pastores y habida consideración de la necesidad y del bien común de la Iglesia. Sería un manifiesto abuso en el ejercicio del oficio pastoral si una autoridad eclesiástica introdujera o permitiera que se introdujeran «signos» ambiguos con respecto a la verdad de la doctrina católica. Una solución no puede ser auténticamente «pastoral» si no se ajusta a la verdad. Y la verdad de las exigencias morales no se mide sólo en función de una «orientación general» o de una «opción fundamental», sino en relación con los actos concretos y las opciones singulares de la vida.

Hay que explicitar aquí algo que ya está implícito en lo que va dicho. Es evidente que cuando dos personas se unen «irregularmente», lo que equivale a decir en forma que objetivamente constituye un pecado, es contradictorio e incoherente realizar, en relación con esa unión, un acto litúrgico o religioso, cualquiera que sea. Sería una injuria a Dios invocar su nombre o su bendición para dar una apariencia de legitimidad a lo que objetivamente contradice gravemente su ley y su designio de salvación. Una semejante bendición *no sólo sería ilegítima* por contrariar una explícita disposición de la Iglesia (ver *Familiaris consortio,* n. 84 ), *sino también inválida,* por carecer de objeto moralmente honesto. Lo que vale de las bendiciones vale también de otros actos litúrgicos o religiosos, los que a veces se solicitan u obtienen con engaño. Ni los sacerdotes ni los diáconos pueden hacerse cómplices de este tipo de actos, los que no sólo constituirían un ejercicio abusivo del ministerio, sino que sembrarían confusión entre los fieles y crearían falsa conciencia en quienes contraen uniones irregulares, haciéndolas aparecer como en cierto modo legítimas o al menos aceptables. Esto no puede resultar sorprendente porque no es sino la consecuencia de la «verdad» de la situación. Contradecir esa verdad sería falsear la libertad.

En la misma línea de pensamiento se sitúa la imposibilidad de estas personas a recibir los Sacramentos que presuponen como disposición el estado de gracia. En el caso de la Penitencia la imposibilidad deriva de la falta de conversión, o sea de la disposición de rechazo del pecado cometido y –sobre todo en estos casos– del propósito de enmienda. La Confesión no es sólo la manifestación sincera de los pecados, sino la expresión del arrepentimiento y del propósito de no reincidir en el futuro. No pocas personas en estas situaciones se acercan al sacerdote en el confesonario o fuera de él: de parte de ellas no se puede desconocer un deseo, al menos «incoativo» de reconciliación con la Iglesia. Pero si no hay verdadero arrepentimiento y propósito, el sacerdote no puede sino, con gran dolor, negar la absolución. Esa negativa *no es un acto arbitrario,* sino la consecuencia objetiva de una situación de pecado que no ha cambiado. El sacerdote confesor no es «dueño» del Sacramento, sino sólo su «administrador», y quien administra no puede exceder las facultades que ha recibido del dueño y señor. Una absolución concedida sin que haya verdadera contrición y propósito es no sólo ilícita sino radicalmente *inválida.* Darla es no sólo un abuso, sino un *engaño.* Ni podría darse con vistas a «una sola comunión eucarística por especiales circunstancias», porque el estado de pecado grave, mientras perdure, es incompatible con la recepción del Cuerpo del Señor en la Santísima Eucaristía.

A la luz de estos principios resulta también clara la imposibilidad de estas personas a recibir el sacramento del Cuerpo y la Sangre de Cristo. No se trata de una «pena» establecida por una disposición eclesiástica positiva, sino de la *consecuencia de un estado de vida que es disconforme con la ley de Dios.* En efecto, si existe una adhesión al pecado no es posible realizar simultáneamente la Comunión Eucarística *que implica amor a Dios por sobre todo lo creado* y ofrenda de la vida como sacrificio de alabanza para la gloria de la Santísima Trinidad. Hay personas que de buena fe imploran al sacerdote el «permiso» para recibir la S. Comunión siquiera una vez, no obstante su situación de pecado. Muchas de esas personas proceden así porque estiman que la Comunión Eucarística les está prohibida por una ley de la Iglesia, pero no por la voluntad de Dios. Y es que no tienen clara conciencia plena de que su convivencia irregular y *adulterina* esté efectivamente reñida con la voluntad de Dios. La misma palabra «irregular», dado su uso en ciertas lenguas, es interpretada por estas personas como «algo que está fuera del orden normal», pero *entendiendo ese «orden» como referido más bien al nivel jurídico que al moral.* No se percibe a veces suficientemente que el pecado grave constituye una opción, se asemeja a la idolatría, porque una realidad creada se sitúa en el lugar que sólo le corresponde a Dios. Un pecado grave *es lo contrario de la adoración* y por lo mismo es rehusar la propia condición de creatura. Por eso la recepción del Sacramento Eucarístico en estado de pecado es una gran mentira: se pone un signo de adoración y de amor y con los hechos se manifiesta lo contrario. En este caso el pecado tiene la calidad de sacrilegio.

Las mismas razones llevan a la conclusión de que estas personas no pueden recibir con fruto otros Sacramentos, como son la Confirmación y la Unción de los enfermos, precisamente porque el primero debe recibirse en gracia y el segundo requiere arrepentimiento de los pecados.

La naturaleza misma de ciertos actos ministeriales hace incoherente que ellos sean confiados a personas que viven en situaciones «irregulares», es decir, frecuentemente, en adulterio. Ejemplo de tales actos son el ejercicio habitual o «ad actum» del oficio *de lector* en las celebraciones litúrgicas, el de *ministro de la distribución de la Santísima Eucaristía,* el de *acólito,* el de *padrino* del Bautismo o de la Confirmación, el de *ministro extraordinario* (no en caso de necesidad) *del Bautismo,* el de *testigo,* cualificado o no, *del Matrimonio,* el de *presidente de las exequias,* así como otros de naturaleza más bien canónica, como el de *notario eclesiástico, canciller de la curia diocesana, ecónomo administrador, miembro del consejo de administración de bienes,* de los *consejos pastorales diocesanos y parroquiales y* el ejercicio *de cargos directivos de movimientos apostólicos.* Es inconveniente que estas personas participen, unidas, en actividades apostólicas, puesto que ello contribuiría a dar la impresión de «legitimación» de su situación. Por la misma razón no conviene que se presenten como «pareja» en los templos en que se celebra la Eucaristía y donde su situación es conocida.

*Ninguna de estas restricciones puede ser considerada como injuria o como falta de caridad, como rechazo arbitrario o como denegación de derechos.* Son, por el contrario, *consecuencias de una situación pública de pecado* que la Iglesia no puede disimular sin ser infiel a su misión de servidora de la verdad. Pasar por encima de estas «negativas» sería *una caridad mal entendida* y un golpe a la conciencia de la comunidad cristiana. Esta posición, que puede parecer severa, no es distinta de la que recomendaba San Pablo a los fieles de Corinto: si se pueden tolerar las situaciones pecaminosas de los que no tienen fe, no se las puede pasar por lo alto cuando se trata de cristianos (ver *1 Co* 5, 9-13).

## Conclusión

Nadie puede negar que sean estas situaciones extremadamente dolorosas. Lo son para las personas directamente implicadas en un estado «irregular» y objetivamente pecaminoso. Lo son también para los pastores de la Iglesia que no pueden menos de sufrir hondamente por la situación ajena a las vías de la salvación que constituye el estado de vida de estas personas. El sufrimiento no nace de tener que negar ciertas participaciones, sino de comprobar un estado de vida contrario a la ley de Dios. Hacerlo comprender no es tarea fácil y tiene que realizarse con gran delicadeza, sufriendo en el corazón al ver la situación de estos hermanos, demostrándoles afecto, bondad y comprensión pero sin disimular la verdad.

Es preciso hacerles ver que no están «fuera de la Iglesia», aunque su situación no les permita el acceso a los Sacramentos. El mismo hecho de desearlos es ya un signo de comunión, aunque insuficiente, y de la conciencia de que constituyen el instrumento de que se sirve el Señor para comunicar su gracia salvadora. Desde el punto de vista psicológico estas personas sienten necesidad de que la Iglesia las trate como Madre que no las rechaza, aunque no pueda darles los medios de salvación que su misma condición les impide recibir y que no puede concederles una participación en la vida eclesial que, además de ser incoherente con su situación, tendría la gravísima consecuencia de crear confusión acerca de un dato de fe, como lo es el vínculo matrimonial, su indisolubilidad y sus exigencias (ver *Mt* 5, 31 ss.; 19, 3-9; *Mc* 10, 11 ss.; *Lc* 16, 18; *1 Co* 7, 10 ss.). Aunque sea difícil hacerlo entender, *la Iglesia no puede renunciar a su doctrina constante que enseña que entre cristianos no hay vínculo matrimonial legítimo que no sea el sacramento del Matrimonio* (ver CIC can. 1055, § 2). Hay muy variadas circunstancias que el pastor de almas debe analizar y evaluar, pero una auténtica actitud pastoral no puede hacer abstracción de la verdad ni aceptar comportamientos que pudieran inducir a error o a confusión a la comunidad cristiana (ver *1 Co* 5, 1 ss.). Los Obispos y presbíteros, y sus colaboradores, los diáconos, deben tener especial cuidado de mantener una *actitud pastoral unánime,* evitando cuidadosamente que los fieles se desorienten al ver que en unos lugares se aplican unos principios mientras en otros se hacen *concesiones que, en el fondo, constituyen una negación de los principios de la moral* tal como la entiende y enseña la Iglesia. Los pastores deben estar preparados para resistir el fuerte impacto emocional que provoca la situación a veces trágica de las personas que conviven maritalmente unidas en forma irregular y deben tener clara conciencia de que ceder en esta materia constituye un grave perjuicio a la comprensión por parte del pueblo de Dios de la naturaleza del Matrimonio cristiano: no sólo se afecta la fidelidad a la doctrina cuando se niegan en forma explícita las enseñanzas de la Iglesia, sino *también cuando se adoptan actitudes que implican legitimar de facto lo que es contrario a la doctrina católica.*

Seamos «sinceros en el amor», «actuemos con verdad en la caridad», como dice el Apóstol (*Ef* 4, 15), porque no hay verdad sin caridad, ni caridad a expensas de la verdad. Difícil, pero no imposible. Y que a nadie se le pida actuar en contradicción con la fe.

Roma, 3 de enero de 1997.

✠ Jorge MEDINA ESTÉVEZ
*Arzobispo Pro-Prefecto*
*de la Congregación para el Culto Divino*
*y la Disciplina de los Sacramentos**

## APÉNDICE

*Familiaris consortio,* n. 84

La experiencia diaria enseña, por desgracia, que quien ha recurrido al divorcio tiene normalmente la intención de pasar a una nueva unión, obviamente sin el rito religioso católico. Tratándose de una plaga que, como otras, invade cada vez más

* En el Consistorio del 21-II-1998, Juan Pablo II le nombró Cardenal y Prefecto de la referida Congregación.

ampliamente incluso los ambientes católicos, el problema debe afrontarse con atención improrrogable. Los Padres Sinodales lo han estudiado expresamente. La Iglesia, en efecto, instituida para conducir a la salvación a todos los hombres, sobre todo a los bautizados, no puede abandonar a sí mismos a quienes –unidos ya con el vínculo matrimonial sacramental– han intentado pasar a nuevas nupcias. Por lo tanto procurará infatigablemente poner a su disposición los medios de salvación.

Los pastores, por amor a la verdad, están obligados a discernir bien las situaciones. En efecto, hay diferencia entre los que sinceramente se han esforzado para salvar el primer matrimonio y han sido abandonados del todo injustamente, y los que por culpa grave han destruido un Matrimonio canónicamente válido. Finalmente están los que han contraído una segunda unión en vista a la educación de los hijos, y a veces están subjetivamente seguros en conciencia de que el precedente matrimonio, irreparablemente destruido, no había sido nunca válido. En unión con el Sínodo exhorto vivamente a los pastores y a toda la comunidad de los fieles para que ayuden a los divorciados, procurando con solícita caridad que no se consideren separados de la Iglesia, pudiendo y aun debiendo, en cuanto bautizados, participar en su vida. Se les exhorte a escuchar la Palabra de Dios, a frecuentar el sacrificio de la Misa, a perseverar en la oración, a incrementar las obras de caridad y las iniciativas de la comunidad en favor de la justicia, a educar a los hijos en la fe cristiana, a cultivar el espíritu y las obras de penitencia para implorar de este modo, día a día, la gracia de Dios. La Iglesia rece por ellos, los anime, se presente como madre misericordiosa y así los sostenga en la fe y en la esperanza.

La Iglesia, no obstante, fundándose en la Sagrada Escritura, reafirma su praxis de no admitir a la Comunión Eucarística a los divorciados que se casan otra vez. Son ellos los que no pueden ser admitidos, dado que su estado y situación de vida contradicen objetivamente la unión de amor entre Cristo y la Iglesia, significada y actualizada en la Eucaristía. Hay además otro motivo pastoral: si se admitieran estas personas a la Eucaristía, los fieles serían inducidos a error y confusión acerca de la doctrina de la Iglesia sobre la indisolubilidad del Matrimonio.

La reconciliación en el sacramento de la Penitencia –que les abriría el camino al Sacramento Eucarístico– puede darse únicamente a los que, arrepentidos de haber violado el signo de la Alianza y de la fidelidad a Cristo, están sinceramente dispuestos a una forma de vida que no contradiga la indisolubilidad del Matrimonio. Esto lleva consigo concretamente que cuando el hombre y la mujer, por motivos serios –como, por ejemplo, la educación de los hijos–, no pueden cumplir la obligación de la separación, «asumen el compromiso de vivir en plena continencia, o sea de abstenerse de los actos propios de los esposos».

Del mismo modo el respeto debido al sacramento del Matrimonio, a los mismos esposos y sus familiares, así como a la comunidad de los fieles, prohíbe a todo pastor –por cualquier motivo o pretexto incluso pastoral– efectuar ceremonias de cualquier tipo para los divorciados que vuelven a casarse. En efecto, tales ceremonias podrían dar la impresión de que se celebran nuevas nupcias sacramentalmente válidas y como consecuencia inducirían a error sobre la indisolubilidad del Matrimonio válidamente contraído.

Actuando de este modo, la Iglesia profesa la propia fidelidad a Cristo y a su verdad; al mismo tiempo se comporta con espíritu materno hacia estos hijos suyos, especialmente hacia aquellos que inculpablemente han sido abandonados por su cónyuge legítimo.

La Iglesia está firmemente convencida de que también quienes se han alejado del mandato del Señor y viven en tal situación, pueden obtener de Dios la gracia de la conversión y de la salvación, si perseveran en la oración, en la penitencia y en la caridad.

*Catecismo de la Iglesia Católica*

## El divorcio

**2382.** El Señor Jesús insiste en la intención original del Creador que quería un matrimonio indisoluble (cfr *Mt* 5, 31-32; 19, 3-9; *Mc* 10, 9; *Lc* 16, 18;

*1 Co* 7, 10-11), y deroga la tolerancia que se había introducido en la ley antigua (cfr *Mt* 19, 7-9).

Entre bautizados católicos, «el matrimonio rato y consumado no puede ser disuelto por ningún poder humano ni por ninguna causa fuera de la muerte» (CIC can. 1141).

**2383.** La *separación* de los esposos con mantención del vínculo matrimonial puede ser legítima en ciertos casos previstos por el Derecho Canónico (cfr CIC can. 1151-1155).

Si el divorcio civil representa la única manera posible de asegurar ciertos derechos legítimos, el cuidado de los hijos o la defensa del patrimonio, puede ser tolerado sin constituir una falta moral.

**2384.** El *divorcio* es una ofensa grave a la ley natural. Pretende romper el contrato, aceptado libremente por los esposos, de vivir juntos hasta la muerte. El divorcio atenta contra la Alianza de salvación de la cual el Matrimonio sacramental es un signo. El hecho de contraer una nueva unión, aunque reconocida por la ley civil, aumenta la gravedad de la ruptura: el cónyuge casado de nuevo se halla entonces en situación de adulterio público y permanente:

Si el marido, tras haberse separado de su mujer, se une a otra mujer, es adúltero, porque hace cometer un adulterio a esta mujer; y la mujer que habita con él es adúltera, porque ha atraído a sí al marido de otra (San Basilio, moral. regla 73).

**2385.** El divorcio adquiere también su carácter inmoral a causa del desorden que introduce en la célula familiar y en la sociedad. Este desorden entraña daños graves: para el cónyuge, que se ve abandonado; para los hijos, traumatizados por la separación de los padres, y a menudo viviendo en tensión a causa de sus padres; por su efecto contagioso, que hace de él una verdadera plaga social.

**2386.** Puede ocurrir que uno de los cónyuges sea la víctima inocente del divorcio dictado en conformidad con la ley civil; entonces no contradice el precepto moral. Existe una diferencia considerable entre el cónyuge que se ha esforzado con sinceridad por ser fiel al sacramento del Matrimonio y se ve injustamente abandonado y el que, por una falta grave de su parte, destruye un Matrimonio canónicamente válido (cfr FC 84).

Ver, también, el Documento publicado por la CONGREGACIÓN PARA LA DOCTRINA DE LA FE: *Carta a los Obispos de la Iglesia Católica sobre la recepción de la Comunión Eucarística por parte de los fieles divorciados y casados de nuevo**.

✠ Jorge MEDINA ESTÉVEZ
*Arzobispo Pro-Prefecto*
*de la Congregación para el Culto Divino*
*y la Disciplina de los Sacramentos***

---

*Esta Carta de la Congregación para la Doctrina de la Fe está incluida en este «documento mc» en la p. 19.

**Véase nota de la pág. 71.

MONS. FRANCISCO GIL HELLÍN

# POR LA DUREZA DE VUESTRO CORAZÓN

## POR LA DUREZA DE VUESTRO CORAZÓN*

El divorcio de los esposos ha nacido en nuestros días con una virulencia tal que bien puede ser denominado como verdadera plaga de nuestra sociedad (cfr *Gaudium et spes*, 47). La ley civil del divorcio ha hecho posible y en muchos casos ha promovido y facilitado que los cónyuges accedan ante el juez para poner fin a su vínculo matrimonial. Así, con frecuencia hoy día los esposos, en vez de escoger el camino del perdón mutuo para recomponer el tejido de sus relaciones conyugales ante las normales divergencias que surgen inevitablemente en la convivencia doméstica, consideran el divorcio como la solución no sólo posible sino también deseable.

Yendo al fondo del problema del divorcio, Cristo Jesús señala la causa primordial en la dureza del corazón humano (cfr *Mt* 19, 8). Por esta esclerocardía ya el mismo Moisés había permitido escribir el libelo de repudio y despedir a la mujer.

---

* Publicado en la Revista «Familia et Vita», Anno II, N. 2 1997, pp. 12-18.

pero una causa que podía tener su motivación fue alargándose con el discurrir de los siglos y el egoísmo del hombre hasta significar entre los contemporáneos de Cristo cualquier causa de enojo del marido provocado por la esposa. La pregunta que los fariseos –divididos en la interpretación– hacen a Jesús tiene una especial malicia: «¿Es lícito a un hombre repudiar a su mujer *por un motivo cualquiera*?» (*Mt* 19, 3).

Sin necesidad de profundizar ahora en el sentido exacto de este pasaje de la Escritura, se ve con toda claridad que el divorcio es una grave herida abierta en el costado de la comunión conyugal. Para algunos matrimonios supone la herida mortal después de estar ya constituidos. Otros, ni siquiera llegan a constituirse tales por la presencia de una voluntad divorcista que asumida por los pretendientes les hacen incapaces de una verdadera donación conyugal.

El matrimonio, la unión entre hombre y mujer, es la más natural y la mejor expresión de comunión humana. En él, marido y mujer se entregan haciéndose copartícipes plenamente de sí mismos en su totalidad y especificidad, y se convierten además, por esta donación recíproca, en origen y manantial de otras vidas. El ser humano que se realiza en la entrega de sí, no encuentra un ámbito mejor para tal entrega que el diálogo mutuo de donación y acogida entre el hombre y la mujer que les hace esposos. Este diálogo de donación mutua y entrega total al que la misma naturaleza inclina, cuando es acogido y correspondido en un clima de auténtico amor humano, pone las bases de una vida social concorde con la dignidad y con las apetencias humanas más nobles. La relación de entrega de los esposos, y de ambos a los hijos, proyecta en la sociedad tales luces de orientación en el comportamiento social que la constituyen en verdadera célula base de toda la sociedad.

La entrega personal y definitiva del hombre y de la mujer, aunque facilitada por la inclinación natural, no deja de ser obstaculizada continuamente por el egoísmo de la carne. Disponer de sí para una entrega total, como requiere el matrimonio es la expresión del mayor acto de entrega que humanamente puede realizar el hombre y mujer: donarse plenamente el uno al otro constituyendo una comunidad conyugal y, por ello, el núcleo fundamental de una familia.

Los lazos matrimoniales tejen una tal red de relaciones de entrega y pertenencia entre los hombres que les constituye en verdadera sociedad. La sociabilidad se manifiesta y expresa de un modo primordial en estos núcleos familiares anudados por la entrega de los esposos.

El mismo acto de la creación, además de dejar grabada en el hombre y la mujer la imagen de Dios, ha impreso en la unión conyugal de ambos un aspecto social de aquella imagen divina: la relación de Dios Creador con la entera humanidad. La unión conyugal pues, como primera comunión de personas, es signo de la transcendente relación entre Dios y la sociedad humana, constituyéndose además a través de la procreación en la fuente de transmisión de esa imagen divina a los otros seres humanos llamados a la vida.

Ahora bien, el poder de dicha imagen propia del matrimonio natural es débil y frágil, pues aunque es reflejo de aquella relación creacional no percibe de ella su fuerza eficaz transformante. Es un signo pero todavía no eficaz: una imagen que indica y orienta hacia un gran modelo, pero cuya fragilidad manifiesta la distancia y separación existente entre este signo y su significado.

Tal conexión gana en fuerza y significación cuando Yahwéh se revela como el Esposo amante del Pueblo elegido. el matrimonio en Israel es imagen de la fidelidad de Dios para con Israel que los esposos han de reflejar a través de una permanente entrega. En este ámbito de la revelación veterotestamentaria la firmeza de la fidelidad eterna de Dios con el Pueblo se proyecta como ley configuradora sobre las relaciones de los esposos de la que Dios es siempre el garante.

Pero es sólo en Cristo en quien se revela definitivamente, con toda su eficacia, el pacto entre Dios y los hombres simbolizado por la entrega conyugal. Cristo Jesús «revela la verdad original del matrimonio, la verdad del *principio*» (*Familiaris consortio,* 13). Aquella ley fundamental del matrimonio que expresan las palabras del *Génesis* «por eso abandonará el hombre a su padre y a su madre y se unirá a su mujer y serán una sola carne» (2, 24), adquieren en el matrimonio cristiano su cumplimiento pleno y eficaz: en Cristo Dios ama eternamente a los hombres. Esta unión a la vez que ley interna del pacto conyugal es también fuerza eficaz participada por la que el Espíritu de Dios vigoriza la fragilidad del amor humano.

Así pues es Cristo quien «revela la verdad original del matrimonio, la verdad del principio y, liberando al hombre de la dureza del corazón, lo hace capaz de realizarla plenamente» (FC, 13). La dureza de corazón que motivó la permisión del libelo de repudio no quedó sanada: la institución matrimonial continuó con la herida abierta contra las exigencias de la entrega conyugal. Sólo en Cristo se encuentra el remedio adecuado, porque ofrece a los hombres un amor más fuerte que la muerte, un amor capaz de realizar plenamente la verdad original del matrimonio.

Es en la nueva ley instaurada por Cristo donde el matrimonio, como todo sacramento cristiano, se convierte en *signo eficaz*. Mientras que todo matrimonio, también el de Adán y Eva, es signo de una realidad trascendente, el de los cónyuges cristianos, configurados con Cristo es, además de signo, una *participación*. El matrimonio cristiano además de *significar* el amor de Cristo a su Iglesia expresado de forma extrema con su muerte redentora en la cruz, *participa* de ese amor redentor. Por ello los esposos cristianos pueden superar la dureza de corazón, una dureza que crece con el egoísmo y que desgraciadamente puede llegar hasta el extremo de sentir como insoportable la unión conyugal. es Cristo quien libera «al hombre de la dureza de corazón» y «lo hace capaz de realizar» su verdad plenamente (FC 13).

No es posible sin la fuerza de Cristo amar al esposo o a la esposa como requiere la donación conyugal en la que se han comprometido; no es posible que los cónyuges puedan plasmar dicha entrega en la realidad de cada día realizando la vocación a la que han sido llamados. La unión de los esposos significa y apunta a realizar aquella comunión de entrega hasta la muerte. Pero realizarla acabadamente es sólo posible con la gracia, con aquella fuerza contenida en el misterio significado: el amor redentor que une a Cristo con su Iglesia. El matrimonio, como signo de tal misterio, queda vivificado por la fuerza configuradora de la caridad esponsal en él significada. Sólo participando marido y mujer del amor redentor de Cristo por su Iglesia es como el matrimonio cristiano se convierte en signo eficaz de su comunión y entrega esponsal.

Es esta eficacia del término significado por la relación entre los cónyuges las que les hace capaces de superar la dureza de corazón. «El Espíritu que infunde el Señor –recuerda la Exhortación apostólica *Familiaris consortio*– renueva al corazón y hace al hombre y a la mujer capaces de amarse como Cristo nos amó» (n. 13). El amor de Cristo por su Iglesia injertado en los corazones de marido y mujer les hace hábiles para amarse mutuamente con ese mismo amor. «El amor conyugal alcanza de este modo la plenitud a la que está ordenado interiormente, la caridad conyugal, que es el modo propio y específico con el que los esposos participan y están llamados a vivir la misma caridad de Cristo que se dona sobre la cruz» (FC 13).

No es fácil pues realizar la ley de la entrega requerida en el compromiso del amor conyugal, y menos si la perfección propuesta es como «Cristo amó a su Iglesia y se entregó por ella» (*Ef* 5, 25) sin dejarse informar por el amor de Cristo. La mayoría de los cristianos casados que, una vez divorciados acceden al matrimonio civil, no han tenido una preparación doctrinal que les haya hecho descubrir la grandeza del misterio que su matrimonio contiene.

Muchos de ellos se han encontrado casi de hecho en una situación matrimonial que se ha ido deteriorando con los años y les ha llevado a una decisión de ruptura con el propio cónyuge. La preparación al matrimonio que éstos recibieron en el ambiente familiar, en el entorno social y en el mismo ámbito de la parroquia quizá no ha sido suficiente como para poder contrarrestar una creciente oleada de inestabilidad conyugal, incrementada además hoy por la desaparición de algunas circunstancias que antes favorecían la fidelidad y estabilidad.

Con ello son tantos los que se encuentran con su matrimonio maltrecho y acuden al divorcio civil en vista de poder acceder a una nueva unión o al menos para ver garantizados los derechos propios y de los hijos. A veces, hasta aquellos que no recurrieron al divorcio con el ánimo de pasar luego a nuevas nupcias, no resisten después la tentación diseminada en el ambiente y acaban realizando una nueva unión civil dadas las dificultades que la vida de separado presenta o la misma necesidad que comporta la atención a los hijos.

Resulta así que tantos y tantos cristianos en esta situación de divorciados vueltos a casar, por un motivo u otro sólo se hacen conscientes de la irregularidad de la nueva situación en que se encuentran cuando la Iglesia les recuerda la incoherencia cristiana que supone aquella nueva unión. ¿Cuál es y en qué consiste –se preguntan a veces– la contradicción de esta situación?

Ante todo consiste en que han abandonado, al menos de hecho, su compromiso matrimonial, la unión creada a semejanza de la unión de Cristo y la Iglesia. La realidad que el matrimonio significa viene negada por una conducta humana, pues la contradice en las obras. Lo que Dios ha unido es deshecho por los hombres. Es verdad que pueden existir circunstancias que disminuyan y aun eliminen la responsabilidad de dicho abandono.

No existe responsabilidad moral, por ejemplo, en el caso del cónyuge inocente que ha sufrido el abandono, o que ha recurrido al divorcio como único medio para conseguir la separación legal y defender los propios derechos ante la conducta adúltera o gravemente vejatoria del otro cónyuge. Se dan de hecho situaciones como los precedentes supuestos que son incompatibles con el respeto debido a la dignidad conyugal y en tales circunstancias la convivencia matrimonial resulta casi imposible. La separación física de los esposos que la iglesia admite en esos casos no implica la cesación del vínculo matrimonial que sigue existiendo entre los esposos aunque separados. «En efecto –dice la *Familiaris consortio*– hay diferencia entre los que sinceramente se han esforzado por salvar el primer matrimonio y han sido abandonados del todo injustamente y los que por culpa grave han destruido un matrimonio canónicamente válido» (FC 84).

Independientemente de la responsabilidad personal referente al fracaso de la precedente unión conyugal, quien después de haber obtenido el divorcio ha contraído una nueva unión se ha colocado en un estado de vida que objetivamente contradice aquella relación sagrada que su matrimonio cristiano, aun roto, sigue significando y de la que participa. El adulterio y aun la misma contracepción y el aborto son acciones que contradicen gravemente la unión de Cristo a la Iglesia significada por el matrimonio porque se oponen a aquella ley de fidelidad y de transmisión de la vida propia de la institución natural, sacramentalmente fortalecida además en el caso de los cónyuges cristianos.

Pero en una nueva unión conyugal se contradice la misma verdad originaria respecto al matrimonio: se institucionaliza positivamente un estado de sí mismo contradictorio, porque niega plena y permanentemente el aspecto relacional existente entre la unión conyugal del hombre y la mujer y el misterio trascendente significado. Más grave aun es el caso de los esposos cristianos que han abandonado aquella unión conyugal –signo y participación– y han establecido otra que ni significa ni puede percibir el influjo eficaz de la entrega de Cristo a la Iglesia. Como dice la Exhortación apostólica *Familiaris consortio* «su estado y situación de vida contradice objetivamente la unión entre Cristo y la Iglesia» (n. 84)

No se trata simplemente de un acto como la infidelidad, por ejemplo, que aun con toda su malicia queda circunscrito a una acción que a su vez puede ser contradicha y eliminada en su actual voluntariedad por la sucesiva contrición. En quienes se han vuelto a casar después de divorciados la contradicción existente radica en un estado; es decir, no se trata sólo de actos incoherentes de la fragilidad y aun de la malicia humana, sino de un estado formado por los lazos jurídicos de pertenencia y entrega conyugal injusta, que lesiona derechos inviolables de terceros, que ni siquiera dependen ya de la libre disposición de las personas. Por el matrimonio el marido deja de ser dueño de sí mismo y pertenece a la mujer, como ésta no es ya dueña de sí misma sino del marido (cfr *1 Co* 7, 4). Es un vínculo sagrado que no depende de la decisión humana (cfr GS 48). «Lo que

Dios ha unido no lo separen los hombres» (*Mt* 19, 6).

El desorden pues que esta nueva unión conyugal comporta no es simplemente aquel de los actos sexuales ilícitos entre quienes no son marido y mujer respectivamente, aunque estén civilmente casados. Su desorden moral ni siquiera es equiparable al conjunto de actos ilícitos, ni tampoco teniendo en cuenta la circunstancia añadida de vivir en constante ocasión próxima de una relación sexual ilícita. En el desorden del caso que consideramos existe una raíz más profunda que el solo uso ilícito de la facultad sexual.

Se daría este desorden grave aun entre quienes contrajeran esta unión civil siendo divorciados y proyectaran ya desde el principio toda abstención de hecho de las relaciones íntimas entre ellos. El desorden existente en esa unión no es reducible a la imprudencia en que se colocan poniéndose en ocasión próxima de pecado. No es el acto sexual el que da la mortalidad a la unión sino la unión legítima o desordenada la que especifica el acto sexual.

Ciertamente el desorden moral grave desaparece con la contrición y la absolución sacramental, pero puesto que el desorden de la nueva unión ha introducido un estado de vida en sí injusto, el auténtico dolor no ha de extenderse sólo al acto incoativo sino al estado consecuente que con aquél se inició. No es suficiente, por ejemplo, arrepentirse de haber robado y seguir disfrutando del botín conseguido entonces, sino que la contrición respecto al hurto realizado comporta la restitución de todo cuanto uno se apropió injustamente.

De igual modo no es suficiente tener dolor de la nueva unión realizada para recibir la absolución y continuar viviendo en la situación que estableció dicha unión.

La conversión y la contrición por el pecado realizado con la unión civil requiere deshacer el estado creado por tal acción. Efectivamente precisa la Exhortación apostólica *Familiaris consortio* «la reconciliación en el sacramento de la Penitencia... puede darse *únicamente* a los que arrepentidos de haber violado el signo de la Alianza y de la fidelidad a Cristo, están sinceramente dispuestos a una forma de vida que no contradiga la indisolubilidad del matrimonio» (n. 84).

Puesto que en este ámbito del fuero jurídico civil existe la posibilidad de acceder al divorcio, el cristiano arrepentido de aquel desorden en que se situó debe decidir y orientarse oportunamente para deshacer aquella unión. Existe para ellos ciertamente «la obligación de la separación» (*Ibid*). Los tiempos y los modos habrán de ser considerados para dar aquellos pasos necesarios según la virtud de la prudencia, pero la verdadera contrición requiere ya desde el principio la decisión firme y el compromiso veraz de llevarlo a la práctica.

Siguiendo con el símil antes empleado, desde el mismo momento de la contrición por el hurto cometido se requiere la decisión de reparar en justicia los daños causados. Sin embargo los modos y los momentos de la devolución serán dictados y acompañados por la virtud de la prudencia teniendo en cuenta las posibilidades y las necesidades contingentes. No es suficiente en el caso de divorciados vueltos a casar aplicar la contrición a eliminar sólo la vida conyugal en común y en concreto los actos de mutua entrega sexual.

Será ésta la primera y sincera manifestación del dolor que comienza a existir por aquella unión; pero hasta que este dolor madure hasta disponer el alma para recibir el perdón sacramental requiere que desaparezca en el corazón toda la afección marital contenida en aquella unión y la decisión consecuente de vivir con coherencia. No siempre será fácil deshacer el estado y las consecuencias de dicha unión, pero no debe permanecer sin procurarlo.

Es aquí donde pueden surgir las circunstancias que hagan más fácil unas veces o más difícil otras y aun hasta moralmente imposible la separación aunque no falte la buena voluntad y la firme decisión. Será por ejemplo más fácil si entre los que están así unidos no ha habido procreación y si tanto el uno como el otro son económicamente independientes: pero ni siquiera la posible dependencia económica de uno de ellos puede ser un obstáculo insuperable, puesto que si son deberes asumidos pueden y deben ser respetados aunque sea interrumpida la convivencia.

Pero ni siquiera la procreación debe ser necesariamente un impedimento para no romper la vida en común. Cuando para realizar esta segunda unión se ha abandonado el cónyuge matrimonial legítimo y a veces a los hijos, no hay que considerar a los hijos ahora engendrados como la objeción *absoluta* para la separación, dando por descontado que no por ello hay que abandonar los deberes de justicia también para con estos hijos engendrados en la nueva unión.

No parece por tanto la mejor solución crear una falsa apariencia de que la Iglesia disminuye la gravedad del desorden objetivo que perpetra o del que ya se ha realizado con la nueva unión. Se induciría con ello «a error sobre la indisolubilidad del matrimonio válidamente contraído». Y además la Iglesia se comportaría injustamente con todos aquellos hijos suyos «que inculpablemente han sido abandonados por su cónyuge legítimo» (FC 84).

Pueden existir ciertamente «motivos serios» por los que quienes se han unido civilmente después del divorcio de un matrimonio sacramental válido no puedan «cumplir la obligación». Pero en tales casos es preciso buscar otras formas de vida «que no contradigan la indisolubilidad del matrimonio» (FC 84). Mientras el *princeps analogatum* es llevar a cabo la separación total y completa, sólo por serios motivos pueden aceptarse soluciones temporales o definitivas que hacen compatible una relación de convivencia con la realidad afectiva y operante de no ser entre sí marido y mujer.

Por ejemplo, si han engendrado, la paternidad y maternidad les relaciona con la misma persona del hijo, para con el que tienen obligaciones comunes y solidarias de modo que ninguno puede moralmente abandonar impunemente aquellas exigencias naturales. Otras diversas circunstancias de caridad ante necesidades graves pueden también impedir tal abandono y separación física, como por ejemplo, la necesidad de asistencia ante una grave enfermedad o una avanzada vejez de uno de ellos.

Sin embargo en estos y semejantes casos donde permanece la apariencia externa de convivencia entre esposos debe llevarles a asumir entre ellos «el compromiso de vivir en plena continencia, o sea de abstenerse de los actos propios de los esposos» (FC 84). Si tal situación de unión civil no es conocida socialmente sino que es un hecho estrictamente privado no será necesario hacer público el cambio que se ha realizado en su vida de relación: pero sí convendrá hacer de ello conscientes a los familiares y oportunamente a los hijos. En el caso de una situación socialmente conocida será suficiente hacer de ello conscientes a los más allegados y cercanos especialmente de la comunidad cristiana para remover el motivo de posible escándalo.

La pastoral de los divorciados vueltos a casar no puede comenzar por la cuestión de que si pueden o no acceder a la comunión eucarística. La situación de quienes se encuentran en tal estado requiere que se pongan las bases catequéticas para entender el contenido del sacramento del Matrimonio. El misterio del amor de Dios a los hombres manifestado en su plenitud en el sacrificio del Calvario es renovado en la eucaristía. El matrimonio cristiano significa y participa en la unión esponsal entre Cristo y la Iglesia. Sólo así quienes son culpables de haber destruido este signo del contenido significado en la Eucaristía podrán percibir la incoherencia y contradicción existente en participar en la comunión eucarística sin una conversión radical que les lleve a ponerse en camino de salvar aquel signo por la reconciliación de los esposos. No se puede circunscribir la cuestión a la comunión eucarística sino a la vida cristiana en gracia de Dios que está en la base.

✠ Francisco Gil Hellín
*Secretario de la Comisión Pontificia*
*para la Familia*

## ÍNDICE